René Wadas ist Gärtnermeister und lebt mit seiner Familie in Börßum bei Braunschweig. Als Pflanzenarzt ist er seit vielen Jahren im Norden unterwegs und hilft Hobbygärtnern mit ihren «Sorgenkindern». Der gebürtige Berliner schult mittlerweile in ganz Deutschland Mitarbeiter aus Gärtnereien und Baumärkten, Landwirte und Biologen.

RENÉ WADAS

DER PFLANZENARZT

EIN GESUNDER GARTEN OHNE CHEMIE

Rowohlt Taschenbuch Verlag

2. Auflage Mai 2020
Originalausgabe
Veröffentlicht im Rowohlt Taschenbuch Verlag,
Hamburg, April 2020
Copyright © 2020 by Rowohlt Verlag GmbH
Redaktion Regina Carstensen und Ulrike Gallwitz
Alle Fotos Copyright © René Wadas
Covergestaltung zero-media.net, München
Coverabbildung Patrice Kunte
Satz aus der Thesis Antiqua bei Dörlemann Satz, Lemförde
Druck und Bindung GGP Media GmbH, Pößneck, Germany
ISBN 978-3-499-00302-8

INHALT

· · · · · · · · · ·

IM SOMMER

MEIN NATURNAHER GARTEN
IM HERBST UND IM WINTER

Eine Wildbiene,
übersät mit Pollen

*Wenn die Biene von der Erde verschwindet,
dann hat der Mensch nur noch vier Jahre
zu leben. Keine Bienen mehr – keine Bestäubung mehr – keine Pflanzen mehr –
keine Tiere mehr – keine Menschen mehr ...*

ALBERT EINSTEIN

EINLEITUNG

. . . .

EIN GARTEN OHNE CHEMIE –
GEHT DAS ÜBERHAUPT?

Seit über zwanzig Jahren versuche ich etwas für unsere Natur zu tun, möchte sie erhalten, möchte gar die ganze Welt retten (gut, das klingt jetzt etwas naiv, aber der Gedanke ist erlaubt). Immer wieder überlege ich: Was kann ich besser machen, ist es genug, was ich tue? Welche Möglichkeiten habe ich noch? Bringt das überhaupt was? Denn ziehe ich meinen gesunden Menschenverstand zurate, erscheint es mir angesichts unserer Verhaltensweisen (Ausbeutung unser aller Ressourcen ohne Rücksicht auf die nachfolgenden Generationen) recht illusorisch, dass wir noch etwas grundlegend ändern können, und ich befürchte, dass wir womöglich auf eine ökologische Katastrophe zusteuern. Es gibt ausreichend Maßnahmen, wie man dies verhindern könnte, aber die Mühlen der Entscheidungsträger mahlen viel zu langsam. Trotzdem gibt es für mich eine ethische Verpflichtung, etwas zu tun. Beispielsweise in meinem eigenen Garten die chemische Keule zu verbannen, um Pflanzen zu stärken und so manches große oder kleine Tier dorthin zu locken. Der Wohlfühlfaktor, geboten durch Vielfalt, ist so für alle garantiert.

Wer wie ich in seinem Garten ohne Chemie gärtnern möchte, sollte sich jedoch auch ein wenig damit beschäftigen, wie die Dinge in der Natur zusammenhängen. Mein Tipp: Arbeiten Sie nicht nur im Garten, schuften Sie nicht nur, bis Ihnen der Schweiß von der Stirn rinnt, sondern verweilen Sie auch mal in Ihren Beeten und beobachten Pflanzen und Tiere – was passiert da eigentlich, welche Signale werden ausgetauscht, wie wird hier kommuniziert? Pflanzen sind nicht bloße organische Materie ohne jegliches Gefühl, sie reagieren vielmehr unmittelbar auf ihre Umwelt. Sie sehen, riechen und tasten wie die Tiere, nur ohne Nervensystem, aber trotzdem nicht weniger intensiv. Für mich gibt es kaum etwas Spannenderes, als dieses für uns fast unsichtbare Informationsnetzwerk zu begreifen, besonders weil vieles auch unterirdisch abläuft. Da gibt es eine große Datenbank, die wir noch zu entschlüsseln haben, um den Austausch immer besser zu verstehen. Und je mehr wir dieses uralte Überlebenssystem mit all seinen Fähigkeiten erkennen, umso wichtiger wird es, dies zu erhalten, denn wir Menschen sind ein Teil dieses faszinierenden Könnens. Manchmal vergessen wir das leider nur, weil wir uns selbst zu sehr im Blick haben, vergessen, dass wir ein Teil der Tier- und Pflanzenwelt sind, die uns umgibt. Wir haben uns zu sehr auf Lösungen kapriziert und dafür die Beobachtungen vernachlässigt.

Um uns wieder mehr in den evolutionären Kreislauf einzubinden und uns diesem auch nahe zu fühlen, haben wir Gärtnerinnen und Gärtner die Möglichkeit, in unserem eigenen Garten ein Stückchen gesunde Natur zu erhalten. Den Insekten eine Oase zu bieten, wo sie sich entfalten können, denn in der freien Natur gibt es immer weniger Rückzugsorte. Wenn auch Sie in Ihrem Garten auf Chemie verzichten, werden Sie beobachten können, wie die Natur stets dafür sorgt, dass alles im Gleichgewicht bleibt, bleiben muss. Da ist sie sehr hartnäckig und setzt eine Schar von freiwilligen Helfern ein – man kann auch von Soldaten sprechen –, sollte jemand auf die Idee kommen, die (Garten-)-Herrschaft an sich reißen zu wollen. Jedes Insekt – selbst jene, die wir vielleicht vorschnell als Schädlinge bezeichnen – hat eine ihm eigene Aufgabe in dem ökologischen System, sonst wäre diese oder jene Art schon längst eingeknickt. Wir schreien auf, wenn Scharen von Nonnenraupen (Nonnen sind Schmetterlinge)

Herzlich willkommen in unserem Garten!

Kiefern kahl fressen, eine Nadel nach der anderen, hemmungslos. Aber was ist der tiefere Grund dafür? Der Kahlschlag ist letztlich nichts weiter als eine Abwehrmaßnahme gegen die von Menschenhand angelegten Kiefernmonokulturen. Es ist immer wichtig, die verschiedenen Perspektiven im Blick zu behalten.

Riesige Kiefernplantagen sorgen für einen reichgedeckten Tisch, und so können sich die Insekten, die irgendwann einmal diese Nadelbäume für ihre Nahrungsgrundlage gewählt haben, aus welchen zufälligen oder weniger zufälligen Gründen auch immer, perfekt und in Massen vermehren. Diese Insekten haben in der Evolution ihren Platz gefunden, um zu überleben. Aber als das geschah, damals, vor Urzeiten, gab es noch keine Monokulturwälder in diesen Ausmaßen. Das war im Plan unserer Natur auch nicht vorgesehen. Kiefernplantagen lassen es nämlich nicht zu, dass Licht zum Boden durchdringt, sodass andere Pflanzen nicht wachsen können. Hätte die Natur das Sagen, hätte sie solche Ansiedlungen gekonnt verhindert. Und sie versucht es uns auch mitzuteilen, natürlich nicht uns Menschen speziell, doch in ihrer Art der Kommunikation. Überleben geht nur mit Vielfalt, und die wird erst wiederhergestellt, wo Nonnenraupen die Nadeln wegputzen und es wieder hell wird. Endlich ist es vorbei mit dem eintönigen Einerlei, das war ein eindeutiger Startschuss der Natur für Diversität.

Niemals vermehrt sich in der Natur etwas unkontrolliert – wenn nicht der Mensch seine Finger im Spiel hat. Die Natur hat ihre eigenen Waffen, um einzuschreiten, sie wartet nicht darauf, bis der Mensch mit einer gehörigen Portion Chemie anrückt. Sollte sie auch besser nicht, denn täglich können wir erleben: Das kann nur schiefgehen. Außer wir arbeiten im Einklang mit der Natur, dann können wir mit unseren Händen in fruchtbare Böden greifen, gesunde Pflanzen erleben und reiche Ernten einfahren. Dazu will dieses Buch Sie verleiten.

Gärtnern ohne Chemie ist also das Beste, was wir tun können, um unsere Umwelt zu schützen. Sind wir nun Befürworter für einen Biogarten, für organischen Dünger, für Pflanzenstärkung und für gesunde Lebensmittel, dann heißt das aber noch lange nicht, dass wir unseren Garten einfach der Natur überlassen. Es geht hier nicht um reinen Wildwuchs, dann wäre es auch kein Garten, der per se eine Form der gestalteten Natur ist. Wir werden in einem Garten geradezu herausgefordert, regulierend einzugreifen, aber diese Eingriffe sollten so schonend wie möglich sein. Und das geht.

Denn eine Tierart ganz aus unserem Grün zu verbannen oder gar willentlich auszurotten, führt nur dazu, dass wir eine völlig falsche Vorstellung von Schädlingen entwickeln. «Diese fiesen Viecher müssen wir loswerden», heißt es allerorten, aber die Plagegeister gehören mit zu unserem Garten, sie sind keineswegs so nutzlos, wie vielfach angenommen wird – und dass wir sie als störend empfinden, ist oftmals unserer anthropozentrischen Sichtweise geschuldet. Pflanzen sind da entspannter. Bei einer Attacke wie in dem US-Film *Angriff der Killerbienen* leiden eher die Menschen, pflanzliche Gewächse leben nämlich ganz gut mit fresswütigen Insekten und haben im Laufe der Evolution hervorragende und einfallsreiche Systeme entwickelt, um sich gegen sie zu schützen. Nehmen wir uns diese zum Vorbild, so können wir naturnah gärtnern, und zwar das ganze Jahr hindurch.

Wir sollten also alle Strategien, die wir in der Natur vorfinden, nutzen. Wir sollten die Eingreiftruppen, die sie uns schickt, dankend annehmen und nicht durch unüberlegten Chemieeinsatz noch mehr Schaden verursachen. Und wer mal einen Blick in meinen Garten im niedersächsischen Börßum wirft, kann sehen, dass wir auch ohne synthetische Stoffe schöne Tomaten, leckere Äpfel und tolles Gemüse ernten können. Wir bekommen auf diese Weise gesunde Nahrungsmittel, und unsere Kinder und ihre Freunde können unbesorgt die Früchte im Garten naschen, ohne Angst, es könnten ungesunde Rückstände darin sein.

Ich weiß, es gibt verschiedene Ansichten zu Gärten. Die einen wollen darin Kürbisse züchten, die so groß sind, dass man damit einen Preis gewinnen könnte oder ins *Guinness-Buch der Rekorde* kommt. Andere würden am liebsten alles so wachsen lassen, wie es die Natur will. Das kann in regelrechte Glaubensbekenntnisse ausarten, da wird dann mit harten Bandagen gekämpft. Doch mir geht es nicht um das eine oder das andere, nicht um extreme Positionen. Wir sollten Gärten aus meiner Sicht als Folgendes betrachten: als einen Übungsplatz zur Gestaltung unserer Welt.

Deshalb sollten wir unsere Sichtweisen auch regelmäßig hinterfragen, denn ein Schädling ist niemals nur ein Schädling, sondern immer auch ein Nützling. Es fällt nicht ganz leicht, so zu denken, das kann ich aus eigener Erfahrung sagen. Aber versuchen Sie es mal, denn eine geänderte Sichtweise kann uns ganz neue Möglichkeiten eröffnen, mit der Natur und nicht gegen sie zu arbeiten.

Vielleicht helfen ein paar Beispiele, um es noch anschaulicher zu machen: Wie jeder Gärtner kann ich Schnecken nicht gut leiden, gerade wenn sie in feuchten Sommern überhandnehmen und sich über alles hermachen, was ich gerade frisch gepflanzt habe oder ernten möchte. Aber auch diese schleimigen Dinger haben eine Aufgabe in unserem Garten: Sie beseitigen verwesende Abfälle und kleine tote Tiere. Die Weichtiere gehören wie viele andere Insekten auch zu den großen Aufräumern, sie bilden die Müllabfuhr, auf die keineswegs verzichtet werden kann. (Sie wissen bestimmt, wie es ist, wenn mal der Müll nicht abgeholt wird.)

Ein anderes Beispiel: Blattläuse mag man auch nicht gern, ganz und gar nicht. Sie sind Störfaktoren für unsere armen Pflanzen, diese sollen von ihnen befreit werden, besonders dann, wenn die kleinen Biester in gefühlten Milliarden an deren Stielen hocken. Aber Blattläuse gehören gleichzeitig zu den wichtigen Nahrungsquellen vieler Nützlinge und Vogelarten. Gibt es keine Blattläuse, gibt es weniger Vögel. Und das will erst recht keiner.

Die Insektenwelt ist ein wichtiger Baustein in unserem Garten. Verschwindet eine Art, sind die Konsequenzen nicht vorhersehbar. Manchmal kann das Aussterben eines Insekts größere Auswirkungen im ökologischen System haben als das eines Säugetiers. Die entscheidende Grundlage für eine gesunde Umwelt ist und bleibt die Artenvielfalt, da sich viele Insekten auf eine bestimmte Pflanzenart oder Familie spezialisiert haben, wodurch das gemeinsame Überleben gesichert wird.

Manche Insekten können bestimmte Pflanzen nicht riechen, bei bestimmten Pflanzennachbarschaften nehmen die Schädlinge Reißaus – und das können wir uns zunutze machen. Das Lilienhähnchen beispielsweise, ein hübscher Blattkäfer mit einem siegellackroten Halsschild, der mit kreisrunden Fraßspuren an Lilienblättern beginnt und am Ende nur noch das Gerippe übriglässt, mag partout keinen Salbei. Das heißt für Sie: Pflanzen Sie Ihre geliebten Lilien mit Salbei zusammen, und schon wird weniger gefressen. Möhren und Steckzwiebeln sind auch eine seit Generationen bekannte Kombination, dieses Duo hält unschlagbar die Zwiebelfliegen ab. Bohnenkraut hält wiederum die Schwarze Bohnenlaus von den Bohnen fern. Tomaten, Sellerie und Kohl gedeihen prächtig zusammen, zumal die Tomaten den gefräßigen Kohlweißling davon abhalten, sich auf den Kohl zu stürzen – ihr Geruch ist ihm zuwider.

Zum Gleichgewicht gehört genau das: dass Pflanzen sich gegenseitig positiv beeinflussen und schützen. Viele Insekten werden erst bei einer Monokultur zum Schädling, auch in Ihrem Garten, wenn Sie auf eine zu einseitige Bepflanzung setzen. Überall dort dagegen, wo zahlreiche Insekten- und Pflanzenarten in einem Garten vorkommen, muss der Biogärtner weniger tun. Er kann sich auf ein uraltes Gesetz verlassen: fressen und gefressen werden. Denn dieses Prinzip erzeugt die biologische Balance, die wir in unserem Garten benötigen, und verhindert die extreme Vermehrung einzelner Insekten, die dann zum Schädling werden.

Doch manchmal braucht auch ein noch so friedfertiger Gärtner ein kaltes Herz und eine scharfe Schere. Nämlich immer dann, wenn in Notfällen die eine oder andere Pflanze zurückgeschnitten werden muss. Dann muss auch der natürliche Pflanzenschutz aus Pflanzenextrakten eingesetzt werden. Solche Situationen treten bei langanhaltender schlechter Witterung auf, auch bei einer Umstellung zum Biogärtnern. Hier greifen wir trotzdem nur zu Mitteln aus der Natur. Auch das Einbringen von Nützlingen in den Garten kann in manchen Fällen gute

Dienste leisten. Aus eigener Erfahrung möchte ich Ihnen mit auf den Weg geben: Manchmal ist weniger mehr. Brechen Sie nichts übers Knie. Tasten Sie sich langsam ran an die Natur. Lernen Sie durch Beobachten, achten Sie darauf, wie sich Ihre Pflanzen unter bestimmten Bedingungen verhalten. Verfolgen Sie mit, was in Ihrem Garten kreucht und fleucht. Nehmen Sie Ihre Kamera in die Hand und pirschen Sie sich an Pflanzen und Tiere heran. Ich habe das 2019 getan, alle vier Jahreszeiten hindurch – und viele meiner Fotos finden Sie in diesem Buch wieder. Ebenso wie ich werden auch Sie tolle Motive in Ihrem Garten finden.

Wenn Sie mit offenen Augen durch Ihren Garten gehen, wird sich Ihnen eine völlig neue Welt auftun. Sie werden auf einmal merken, dass eine Fliege nicht nur eine Fliege ist und damit lästig, sondern dass sie auch ein nützliches Wesen ist und beispielsweise Pflanzen bestäubt. Eine unverzichtbare Leistung für unser Ökosystem. Und mit Ihrem neuen Wissen fangen Sie auf einmal an, all das zu schützen, was Sie früher übersehen, was Sie gar nicht für wertvoll erachtet haben, weil es viel zu klein, zu unscheinbar, zu hässlich, zu ekelig oder zu bedrohlich auf Sie wirkte.

Die chemiefreie Arbeit in Ihrem Garten wird Sie verändern. Nicht nur, dass Sie nun bewusst gesundes Gemüse und Obst ernten werden, Ihre Sicht auf das Leben – das Kostbarste, was wir haben – wird sich verändern. Doch haben Sie Geduld, nicht immer klappt alles von Anfang an, manches muss man mal in dieser oder jener Variante ausprobieren, bis es so richtig mit dem chemiefreien Garten läuft. Ich selbst fühle mich oft genug in meinem Garten noch wie ein Azubi, lerne immer wieder etwas dazu. Reifeprüfung hin oder her, viel wichtiger ist das Umdenken, die Natur so zu nehmen, wie sie ist, und nicht, wie wir sie haben wollen. Ihre Schönheit lässt sich nicht am Ertrag von Kartoffeln und Äpfeln messen. Und Leben zu vernichten, hat die Welt noch nie zum Guten verändert.

Haben Sie Respekt vor dem kleinen Leben. Wir alle sind voneinander abhängig, ob groß oder klein. Es gibt ein chinesisches Sprichwort, das man jedem mit auf den Weg geben kann, der unüberlegt in den natürlichen Kreislauf eingreifen will: «Jeder dumme Junge kann einen Käfer zertreten, aber alle Professoren der Welt können keinen herstellen.»

ZWISCHENSPIEL

· · · · · · · · · · · · · · · · · · ·

EINE KURZE VISION ÜBER
DAS BESTÄUBEN

Das, was ich im Folgenden erzählen werde, ist noch Zukunft, aber so ganz weit davon entfernt sind wir nicht:

Es ist ein sonniger Frühlingstag, und wir machen uns an die Arbeit. Meine Frau, meine Kinder und ich sind bewaffnet mit kleinen Pinseln, wir haben uns vorgenommen, die Obstbäume in unserem Garten zu bestäuben. Mit Leitern klettern wir hoch in die Bäume (die Kinder bleiben unten am Boden), um jede einzelne Blüte zu erreichen. Die Preise von frischem Obst sind in den letzten zwei Jahren um 300 Prozent gestiegen, da wollen wir so viel wie möglich selbst ernten. Supermarktobst schmeckt sowieso nicht so lecker wie selbst gepflücktes. Es wurde nicht transportiert, nicht gelagert, nicht zu früh vom Baum geholt.

Wir haben mit den Pinseln unser eigenes System entwickelt, um effektiv vorzugehen. Weil, wie es heißt, der Bestand an Wildbienen noch bedrohlicher gesunken ist. Diese Insekten sind jetzt vom Aussterben bedroht, weshalb wir selbst initiativ werden müssen. Es gibt technische Lösungen, wie die neuen Bestäubungsdrohnen aus China – die Drohne Maja, wie sie genannt wird –, aber sie sind für uns nicht bezahlbar. Doch ist es nicht fatal, fürs Bestäuben eine technische Lösung zu wählen?

Weiter mit der Handarbeit. «Fleißig wie die Bienen», diese Formulierung bekommt eine völlig neue Bedeutung für uns. Ich stelle mir vor, wie eine Sommerbiene, die nur eine Lebenszeit von ungefähr vier Wochen hat, sich in diesem Monat im wahrsten Sinne des Wortes totgearbeitet hat. Sie und alle anderen Artgenossen haben im Laufe der Evolution zusammen mit den Blühpflanzen ein System entwickelt, das perfekter gar nicht sein kann. Die Blüten locken mit Düften, auffälligen Formen und Farben, sie müssen ja mit anderen Pflanzen konkurrieren, denn jede will sich fortpflanzen und damit überleben. Die Signale, die sie aussenden, sind an die Sinneswelt der Fluginsekten angepasst, und die danken es den Blüten mit einem Anflug. Und der lohnt sich, die Insekten erhalten ein Gegengeschenk, Nektar und Pollen, leckere und energiereiche Mahlzeiten. Dabei hatte man bei diesem Vorgehen, das seit über hundert Millionen Jahren Bestand hatte, nicht einmal den Menschen im Blick gehabt. Er gewinnt nämlich, ganz unbeabsichtigt, bei diesem wilden Treiben die Erträge von Äpfeln, Birnen, Pflaumen, Erdbeeren oder Himbeeren. Sie fallen mit Hilfe von Insekten sogar wesentlich höher aus, als wenn eine Selbstbestäubung stattfindet. Und auch die Qualität der Ernte ist in diesem Fall nicht so großartig.

Nun gut, ich kann mit Pinseln nachhelfen, mein Garten ist nicht so groß, dass das nicht zu schaffen wäre. Aber wie sieht es global aus, braucht man dazu nicht die Drohnen?

Realität ist: Weltweit summt und brummt es auf diesem Planeten von Jahr zu Jahr weniger; Forscher sprechen von einer «globalen Bestäuberkrise». Aber würde man mit fliegenden Robotern, die so programmiert sind, dass sie gezielt Blüten bestäuben, die Krise in den Griff bekommen?

Warum gibt es eigentlich keine natürlichen Bestäuber mehr? Studien haben es zutage gebracht: Nicht der Klimawandel ist schuld am Aussterben der Sechsbeiner – alle Insekten haben sechs Beine, bei mehr oder weniger Beinen sind es keine –, sondern unsere Agrarwirtschaft, die nicht gerade als insektenfreundlich zu bezeichnen ist. Dafür nennt man sie intensiv. Monokulturen, wohin das Auge schaut. Mais in Hülle und Fülle. Kaum Mischkulturen. Für Insekten ist das so attraktiv wie ein zubetonierter Parkplatz vor einem Supermarkt. Würde man den Wild- und Honigbienen, den Wespen, Schmetterlingen und sonstigen tierischen Bestäubern nicht mit Unmengen von Pestiziden auf den Pelz rücken und würde man ihnen verschiedenste Pflanzen in vielfältigsten Lebensräumen wie Grünstreifen und feuchten Gräben überlassen, dann könnten sie ihren Job tun. Sie wissen nämlich, wie es funktioniert, da müsste der Mensch nicht mit Bioingenieuren auf den Plan treten. Flurbereicherung statt Flurbereinigung wäre dann die Devise. Der Mensch mit der Natur und nicht gegen sie. Was jedoch ein Umdenken erfordert. Seit Jahrzehnten hat man darauf hingewiesen, aber bislang hat man nur Augenwischerei betrieben. Konsequentes Handeln wurde unterlassen.

Deutschland ist ein Meer aus eintönigen landwirtschaftlichen Flächen geworden, in anderen Ländern sieht es nicht besser aus. Da regt man sich hierzulande auf, dass brasilianische Bauern Land im Amazonasgebiet zündeln, um Ackerbauflächen zu haben, dabei haben wir selbst unsere Naturschutzgebiete auf Mini-Inseln reduziert. Kein Wunder, dass wir einen Insektenrückgang verzeichnen. Dabei bilden Insekten das Fundament unseres Ökosystems. Als artenreichste tierische Gruppe sind sie nicht nur hervorragende Bestäuber, sondern regulieren auch unsere Schädlinge. Und sie stehen auf dem Speiseplan vieler anderer Arten. Doch dieses Fundament bröckelt, vielleicht ist es sogar dabei, völlig wegzubrechen.

Oft heißt es: Die Menschen machen alles besser. Auch bei der Bestäubung gibt es diese Devise. Doch nein, das stimmt nicht. Allein wenn ich an meine manuelle Bestäubung denke – welch ein Aufwand! Da sind Insekten einfach effizienter.

Damit meine Pinselei von Erfolg gekrönt ist, benötige ich etwa ein Kilogramm frisch gepflückte Blüten – und das täglich. Diese Blüten sammle ich in teils schwindelerregender Höhe, dabei musste ich mich anfangs ein wenig überwinden, die hübschen Blüten einfach abzuzupfen. Anschließend entferne ich die Blütenblätter in einem aufwendigen Prozess, nach der Methode: «Er liebt mich, er liebt mich nicht ...» Margeriten und Gänseblümchen werden gern als Orakel benutzt, in diesem Fall geht es aber darum, die Pollen freizulegen. Ein Gramm Pollen muss ich zusammentragen, um als menschliche Biene einen Baum zu bestäuben. Am Tag kann ich, wenn ich von morgens bis abends tätig bin, etwa dreißig Obstbäume in meinem Garten bestäuben. Zum Vergleich: Ein Bienenvolk kann pro Tag bis zu 300 Millionen Blüten bestäuben – ein beachtlicher Unterschied. Für dieselbe Arbeitsleistung bräuchte ich mehr als 1500 tatkräftige Menschen.

Ich habe die Hoffnung, dass dieses eben geschilderte Schreckensszenario nie eintreten wird. Bislang schaffen die Bienen diese Arbeit – aber wie lange noch? Und so ganz abwegig und fern ist die Welt von Bestäuberdrohnen und Ähnlichem dann wieder auch nicht, wie Sie gleich noch sehen werden.

Festhalten können wir: Für Vielfalt sorgen, das ist unsere dringlichste Aufgabe für unseren Planeten. Wer Freude am Gärtnern und an Pflanzen hat, sieht in der Biodiversität aber nicht nur die Ökosysteme von Trockenwiesen und Urwäldern, sondern auch die Möglichkeit, botanische Vielfalt in den eigenen Garten zu bringen. Da gehören dann nicht nur die Pflanzen dazu, sondern auch die Tiere, die sich einstellen, wenn man günstige Bedingungen für sie schafft. Mit einem Teich im Garten lockt man Libellen und Kröten an, mit einer trockenen Landschaft mit Kies und Steinen eröffnet man Eidechsen einen Lebensraum.

Doch die Artenvielfalt, die Biodiversität geht durch die rücksichtslose Nutzung der Natur durch uns Menschen mehr und mehr verloren. Laut Experten haben wir noch etwas mehr als zehn Jahre, um die absolute Katastrophe abzuwenden. In dem UN-Bericht vom Mai 2019 steht, dass rund eine Million Arten (von insgesamt acht Millionen) vom Aussterben bedroht sind. Es ist das wohl größte Versagen der Menschheit – und eines, das vielleicht tatsächlich nicht behoben werden kann. Es ist das Versagen, unseren eigenen Lebensraum zu schützen. Der düstere Bericht verweist auf ein Scheitern auf mehreren Ebenen: ein Scheitern der Vorstellungskraft, ein Scheitern der Empathie und ein Scheitern der Willenskraft. Und alles in einer beängstigenden Schnelligkeit und global.

Unsere grüne Lunge – die Regenwälder am Amazonas – brennt, um Weideland für Rinder oder Ackerflächen für den Anbau von Soja zu bekommen. Und das nur, weil wir in Europa Steaks essen und mit Soja aus Brasilien unsere Rinder füttern wollen. Für ein Steak vergessen wir, dass die südamerikanischen Regenwälder massenhaft CO_2 speichern. Und überhaupt: Jeder Baum, der stirbt, verbraucht den Sauerstoff, den er in seiner Lebenszeit produziert hat – und gibt das gespeicherte Kohlendioxid wieder frei. Durch Brandrodung werden Mengen an Kohlendioxid freigesetzt, unzählige Kohlekraftwerke könnte man dafür in Deutschland betreiben.

Wenn ich mit meinem Garten und allein auch nicht viel bewirken kann, so wäre es doch möglich, wenn wir alle (alle Gärtnerinnen und Gärtner, überhaupt alle Menschen) an einem Strang ziehen. Das würde schon ein wenig mehr nützen. Gehen wir gemeinsam vor, bedeutet das, dass jeder so handelt, wie er kann. Die Welt ist einzigartig, der größte Schatz, den wir besitzen. Und gemeinsam zu handeln, bedeutet auch, miteinander zu reden. Erzählen auch Sie Ihrem Nachbarn, Ihrer Arbeitskollegin von dem, was Sie über die Natur denken und was Sie erfahren haben, und nehmen Sie Zweiflern, die das Sterben von Arten oder die Klimakatastrophe für übertrieben halten, den Wind aus den Segeln.

Ich freue mich jedenfalls, wenn ich es schaffe, die eine oder andere Hobbygärtnerin, den einen oder anderen Hobbygärtner zur Biogärtnerin, zum Biogärtner zu machen, mit einem Herz für die Natur. Denn auch direkt vor Ort, also im eigenen Garten (oder auch auf der Terrasse oder dem Balkon), können Sie eine Menge dafür tun, dass sich Insekten, deren Lebensraum immer kleiner wird, wohlfühlen. Wenn man es genau nimmt, brauchen wir sogar häufig gar keinen großen Aufwand zu betreiben, denn viele Insekten benötigen nicht viel, der kleine wilde Fleck im Garten ist perfekt. Eine gute Ausgangsbasis.

Und nun: Herzlich willkommen in meinem Garten. In meinem realen Garten, in dem ich glücklicherweise zum Bestäuben noch nicht auf Leitern klettern muss. Ich weiß, dass ich mit meiner Art zu gärtnern dazu beitragen kann, ein massenhaftes Insektensterben zu verhindern. Sie können das auch. Und denken Sie nicht, was kümmert mich die einzelne Wildbiene, wenn in Brasilien der Urwald brennt, Hektar für Hektar vernichtet wird. Auch das Kleine kann große Veränderungen bewirken.

TEIL 1

· · · · · · · · ·

MEIN NATURNAHER GARTEN
IM FRÜHLING

MÄRZ
· · · · · · · · ·

AUFWACHEN IM GARTEN

Wie jedes Jahr kann ich es auch diesmal kaum abwarten, endlich wieder im Garten loszulegen. Nach und nach beginne ich damit, den Winterschutz einiger empfindlicher Hortensien zu entfernen. Ich weiß, dass es in der einen oder anderen Nacht noch Frost geben kann, doch für die Pflanzen ist das kein Problem. Wenn ich das nicht mache, ist ihnen in ihrem Winteroutfit – früher hatte ich immer Luftpolsterfolien genommen, nun bin ich hier zu biologisch abbaubaren Folien übergegangen, dazu als letzte Schicht Kokosmatten oder aufgeschnittene Jutesäcke – zu warm, und sie treiben unkontrolliert aus. Entferne ich den Winterschutz, so gewöhnen sie sich langsam an die steigenden Temperaturen und härten sich ab.

Im März wird es auch langsam Zeit, meinen Sommerflieder *(Buddleja)* auszulichten und zurückzuschneiden. Mache ich das erst im Herbst, ist die Gefahr sehr groß, dass er zu stark friert. Im Folgejahr treibt er dann nicht mehr aus und stirbt. Bei allen Gehölzen, die am einjährigen Holz blühen (also am Neuaustrieb), ist das zu beachten. Und durch den Rückschnitt im Frühjahr blühen sie umso schöner. Aber nicht nur der Sommerflieder wird gestutzt, auch der Eibisch *(Hibiscus syriacus)*, die Bartblume *(Caryopteris incana)* und die Sommermagnolie *(Magnolia sieboldii)*. Meinen empfindlichen Pfirsichbaum lichte ich gleich mit aus. Und die Kübelpflanzen, denen der Topf zu eng geworden ist, bekommen jetzt neue gute Erde an die Füße.

Meine Frau Silvia sät schon im März das erste Gemüse ins Freiland: Mangold. Ich kann es jedes Jahr kaum erwarten, dass

Ich liebe meinen Sommerflieder wie auch viele Insekten, selbst bei invasiven Arten bin ich nachsichtig.

es dann bald wieder Mangold in allen Variationen zu essen gibt. Die Möhren sind für unsere Hasen und die Pferde in der Nachbarschaft, und wenn ich Glück habe, bekomme ich auch eine ab. Radieschen und Spinat dürfen später wieder in der Küche verarbeitet werden.

Der März ist auch Pflanzzeit für Rosen und Gehölze, die sich jedes Jahr unter mysteriösen Umständen in unserem Garten einfinden. Manchmal denke ich, wohin denn bloß damit, aber letztlich findet sich für jede Pflanze ein Zuhause. Für mich gibt es ja eigentlich kein Unkraut, aber in den Gemüsebeeten tummelt sich doch jede Menge unerwünschter Gewächse. «Nicht aufgeben», mahnt Silvia mich jedes Mal, wenn ich mich lieber anderen Dingen zuwenden möchte. So ist es notwendig, die ungezähmten dornigen Kletterrosen im Zaum zu halten. Denn vernachlässige ich die gelbe Schönheit, so verliert sie schnell ihre Blütenpracht. Kranke und abgestorbene Äste werden ausgeschnitten, die jungen, unverzweigten Triebe sorgen für die meisten und schönsten Blüten. Die Seitentriebe mit den getrockneten Hagebutten schneide ich auf eine Länge von circa 20 Zentimetern zurück. Die langen Haupttriebe werden gut am Rosengitter befestigt.

Ein Tipp: Graben Sie mal Bananenschalen ins Rosenbeet, das verhilft den Rosen zu einer prachtvollen Blüte. Warum? Die getrockneten Schalen von reifen Bananen sind ein perfekter organischer Dünger, denn sie enthalten eine Menge wertvoller Mineralien, darunter Kalium, Calcium und Magnesium. Dazu kommen Stickstoff und etwas Schwefel. Am besten Biobananen verwenden, denn die konventionellen Früchte werden mit Fungiziden behandelt, manchmal werden die Pilzbekämpfungsmittel auch vom Flugzeug aus versprüht – wissend, dass wir die Schale nicht mitessen. Damit sich die Bananenschalen im Boden schnell zersetzen, schneiden Sie diese am besten in kleine Stücke.

Überhaupt blüht es in unserem Garten schon kräftig: Schneeheide, Kornelkirsche, Märzenbecher, Blausterne, Krokusse und die ersten Magnolienblüten zeigen sich.

HONIGBIENEN HABEN IMKER

Zu Beginn des Frühlings sind die ersten Insekten in unserem Garten unterwegs. Sie fliegen zielgerichtet die Frühblüher an, Primeln, Hornveilchen oder Zwiebelpflanzen (Narzissen, Osterglocken, Krokusse), all diese sind wichtige Pollen- und Nektarquellen nach dem Winter. Die ersten Insekten, die ausschwärmen und die wir wahrnehmen, sind Honigbienen (die wohl ältesten und bekanntesten Nutzinsekten) und Hummeln. Wer genau hinschaut, kann die Honigbiene sehr schnell erkennen, ihr Körper ist braun und fast überall behaart, die Flügel sind glasig-bräunlich, die Fühler recht kurz.

Nektar sammeln Bienen nicht nur für sich, einen Teil der Nahrung würgen sie auch verarbeitet wieder aus und füttern damit ihre Larven. Oder die Beute wird in ihrem Bienenstock in Waben gespeichert, als Nahrung für den Winter. Raubt man den Bienen diesen Honig, sterben sie, doch ein Imker erntet nur das obere Abteil vom Bienenstock ab, den Honigraum, die Brut und der Vorrat des Bienenvolks bleiben unberührt im unteren Abteil, dem Brutraum. Zusätzlich werden den Bienen andere Zuckerquellen geboten.

Vom Bienensterben, vor dem immer wieder gewarnt wird, ist die Honigbiene nicht betroffen. Jedenfalls: Solange es Imker gibt, wird es auch die Honigbiene geben. Ist mit der Honigbiene Geld zu verdienen, steigt auch die Anzahl der Bienenstöcke. Und schaut man sich Statistiken der Food and Agriculture Organization of the United Nations (FAO) an, dann haben sich seit den sechziger Jahren die kommerziellen Bienenstöcke weltweit fast verdoppelt, besonders in Asien hat die Zahl der Honigbienen stark zugenommen (plus 426 Prozent), in Afrika sind es immerhin 130 Prozent und in Südamerika 86 Prozent. Einzig in Europa verringerte sich die Zahl, hier sind aktuell etwa 26 Prozent weniger Bienenvölker beheimatet als noch 1961. In Deutschland gibt es aber seit einigen Jahren eine leichte Gegenbewegung, was sicher mit einer Sensibilisierung für die Bienen zu tun hat.

Im Winter 2003/2004 mussten professionelle Imker Verlustraten von 30 bis 80 Prozent hinnehmen. Nach den außergewöhnlich hohen Sterberaten wurde das deutsche Bienenmonito-

Eine Honigbiene bei der energiezehrenden Arbeit

ring-Projekt (DeBiMo) gestartet, seit 2010 wird es aus Mitteln des Bundes gefördert. Exemplarisch beobachten Experten hierbei 1200 Bienenstöcke, um das Sterben der Honigbienen zu dokumentieren und die Gründe dafür zu identifizieren. Dabei erheben die Wissenschaftler Daten zur umgebenden Vegetation der Bienen, zu ihren Haltungsbedingungen, zu Krankheitserregern und Pflanzenschutzmitteln. Dabei kam heraus, dass die Varroamilbe für unsere heimischen Bienen gefährlich werden kann.

Diese Milbenart wurde Ende der siebziger Jahre aus Asien eingeschleppt, und während die asiatischen Bienen ohne große Probleme mit einem Varroa-Befall zurechtkommen, verursacht ein solcher bei unseren heimischen Bienen großen Schaden.

Aber auch Menschen können zum Honigbienensterben beitragen. Beispielsweise dann, wenn Machthaber der Meinung sind, sie würden über der Natur stehen und könnten massiv in diese eingreifen. 1958 war man in China unter Mao Zedong auf dem «Großen Sprung», und um die landwirtschaftliche Produktivität zu steigern, betrieb man die «Ausrottung der vier Plagen». Die politische Kampagne betraf die Ratten, die Fliegen, die Stechmücken – und die Spatzen. Gerade die Feldsperlinge waren so frech und dreist, mit den Menschen um deren Nahrung zu konkurrieren, indem sie sich ungefragt so einiges von der Ernte holten. Das durfte nicht sein, das ging gar nicht, so die einhellige Meinung. Ein Großteil der Bevölkerung litt Hunger, und schon aus diesem Grund mussten die Ernten vollständig gerettet werden. Die Kulturrevolution hieß nicht umsonst Kulturrevolution, man wollte Veränderungen herbeischaffen, nach vorne kommen – und wurde zurückgeworfen.

Nun, um der Kulturrevolution zu dienen, wurden sogar Chinas Kinder mobilisiert, damit sie einen Tag lang die Spatzen mit Trommeln und Schlägen auf Töpfen und Pfannen immer wieder aufscheuchten und in der Luft hielten, in der Hoffnung, dass sie schließlich vor Schwäche vom Himmel fielen. Millionen von Tonnen Getreide sollte diese ungewöhnliche Maßnahme – die auch von Erfolg gekrönt war, wenn man denn Unmengen von toten Spatzen als Erfolg bewerten möchte – einsparen. Stattdessen war aber das Gleichgewicht der Natur aus den Fugen geraten. Die wirkliche Katastrophe, gegen die der Mundraub der Vögel nichts war, ließ nicht lange auf sich warten, denn eine Insektenplage vernichtete ganze Ernten. Kein Wunder, denn die insektenfressenden Vögel waren ja mehr oder weniger ausgerottet. Diese Erkenntnis führte wiederum zu einem Großeinsatz von Pestiziden, denn nun wollte man der Insekten Herr werden. Die Folge: Auf einmal waren keine Insekten mehr da, die für die Bestäubung sorgten. Mit Auswirkungen bis heute.

In Sichuan, einer Provinz im Südwesten Chinas, kann man beobachten, wie Menschen in Scharen die Obstbäume auf den Plantagen tatsächlich per Hand bestäuben. Das war also keine futuristische Fantasie von mir, es ist hier Realität. In Sichuan haben viele Menschen auch noch nie eine lebende Honigbiene gesehen, weil hier weiterhin Pestizide in Massen ausgebracht werden, sodass Insekten, darunter die Honigbiene, keine Chance haben, sich in diesem Umfeld zu vermehren. Selbst Wanderimker halten ihre Bienenvölker von diesen Plantagen fern, sodass die Handbestäubung als einzige Möglichkeit bleibt.

In anderen Regionen Chinas sind die Bienenvölker innerhalb von fünfzig Jahren immerhin von 3,7 Millionen auf über neun Millionen angestiegen. Das Honigbienensterben hat also global gesehen völlig unterschiedliche Ursachen. In Nordamerika hat es ebenfalls mit der Anwendung von Pestiziden in der Landwirtschaft zu tun, auch mit den großen Plantagen und ihren Monokulturen. Aber hier wird der Einsatz von chemischen Mitteln zumindest noch so in Grenzen gehalten, dass es möglich ist, Bienenstöcke im großen Stil quer durchs Land zu fahren, um Obst- und Gemüseplantagen zu bestäuben. Viele Kilometer werden dabei zurückgelegt, und nicht immer finden die Bienen in ihren Stock zurück. Im Jahr 2007 erreichte dann das Honigbienensterben in den USA einen Höhepunkt, 90 Prozent der Völker waren auf einmal verschwunden. Bis heute eine ungeklärte Tatsache.

Noch sind all diese Ereignisse nicht umfassend erforscht. Inzwischen importieren die Vereinigten Staaten von Amerika übrigens sogar ganze Bienenvölker aus Australien, um sicherzustellen, dass alle Obstplantagen bestäubt werden. Ein teurer Spaß. Die jährliche Bestäubungsarbeit wird in den USA auf insgesamt 14,6 Milliarden US-Dollar geschätzt.

Wie auch immer: Wenn Honigbienen sterben, ist das ein Indikator dafür, dass wir wach werden und nicht weiter zusehen sollten, wie wir unsere Natur zerstören.

Bienen sammeln aber nicht nur Nektar (Honig), sondern auch Pollen als weitere wichtige Nahrungsquelle. Anders als der Honig können Pollen nicht über Monate gelagert werden. Im Frühjahr 2019 habe ich beobachten können, wie Honigbienen gezielt bei uns im Garten Weide und Haselnuss mit ihrem reichen Pollenangebot anflogen. Die Blüten der Haselnuss geben keinen Nektar ab, denn sie werden vom Wind bestäubt. Trotzdem besuchen die Bienen die männlichen Blüten, um die Pollen zu sammeln. Bei jedem Blütenbesuch bleiben Pollen im Pelz hängen und werden so von Blüte zu Blüte getragen. Dabei bleibt ein Teil zur Befruchtung haften, was etwa der Weide oder der Haselnuss sehr gelegen kommt. Im Flug putzen sich die Bienen den Pollen von vorne nach hinten. Das vordere und mittlere Beinpaar arbeitet dem hinteren zu, das besondere Strukturen besitzt, um den Pollen aus dem Pelz zu putzen und ihn zu konzentrieren. Auf den Außenseiten der Beinpaare befinden sich Körbchen, die den konzentrierten Pollen transportieren.

Bei meiner frühjährlichen Bienenbeobachtung konnte ich auch gut erkennen, dass die recht großen Bienen, wenn sie in Überzahl auftreten, den kleinen Insekten das Futter streitig machen. Ich habe jedenfalls vorgesorgt. Mein Garten ist voll von Frühblühern, Stauden, Zwiebelgewächsen, Gehölzen oder auch Bäumen. Kreuzblütler wie Ackersenf, Raps oder Kohlpflanzen, die ebenfalls für reichlich Nahrung sorgen, kommen meist von allein in einer unordentlichen Ecke zum Blühen. Gerade Wildbienenarten werden gleichsam magisch von ihnen angezogen. Und ihre Situation ist wesentlich heikler als die der Honigbienen. Wildbienen sind kein menschliches Nutztier und unterliegen damit anderen Gesetzmäßigkeiten. Sie haben keine Lobby in Gestalt von Imkern, die dafür sorgen, dass die Honigbienen schon nicht aussterben.

Viele sind so mit dem Honigbienensterben beschäftigt, halten deshalb auf den Dächern in den Städten Honigbienen, dass sie darüber oft die Wildbienen vergessen haben. Und es hilft wenig, beim Bestäuben und Vermehren von Pflanzenfrüchten allein auf die Honigbienen zu setzen, wie es einmal Landwirtschaftsministerin Julia Klöckner vorgeschlagen hatte. Denn es gibt hierzulande fast dreißig Pflanzengattungen, die sich keinen Deut um die Honigbienen scheren, sondern einzig und allein von bestimmten Wildbienen (Hummeln, Sand- oder Mauerbienen) angeflogen werden wollen, darunter Tomaten, Luzerne oder Rotklee. Bei der Tomate etwa liegt der Pollen dicht verschlossen in länglichen Staubbeuteln. Wind und kleine Bienen ändern daran nichts, die Pollen verharren bei ihrem Anflug im Sack. Hummeln jedoch erzeugen mit ihren Flugmuskeln genau die passenden Vibrationen, damit der Pollen herausgeschüttelt wird. Das nenne ich mal Effektivität.

Mehr Honigbienen auf Tomaten- oder Luzernefelder zu locken, bringt den Pflanzen also nichts – ganz im Gegenteil: Die oftmals einzeln lebenden Wildbienen lassen sich bei der Nahrungssuche besonders leicht verdrängen. Je größer die Zahl der Honigbienen im Einzugsgebiet ist, desto eher weichen Wildbienen aus. Und das wäre dann wirklich schlecht für die Ernte.

Dennoch sind die hochspezialisierten Wildbienen, die meist als Single in Totholz, in Felsen oder im Gestein nisten, viel flexibler als Honigbienen, denn sie haben sich im Laufe der Evolution an unterschiedlichste Bedingungen angepasst, anpassen müssen. Sie fliegen schon sehr früh im Jahr und auch unter widrige-

Am Weißen Salbei trinkt die Große Wollbiene; hier ein Männchen.

ren Umständen los, bestäuben bei geringer Sonneneinstrahlung und tieferen Temperaturen. Vor allem in Schlechtwetterphasen sind Pflanzen auf Wildbienen angewiesen, denn die Honigbienen haben es nicht so mit frühen Jahreszeiten und sind auch Frostbeulen, sie lassen auf sich warten, bleiben lieber im Stock, weil es ihnen draußen zu ungemütlich ist. Das kann man verstehen, hilft aber dann nicht, wenn Blüten bestäubt werden wollen.

In Deutschland leben etwa 561 Wildbienenarten (weltweit gibt es rund 20 000 Arten). 52 Prozent von ihnen gelten als bedroht und stehen daher hierzulande auf der Roten Liste. Wildbienen verschwinden in erster Linie deshalb, weil der Mensch ihre Lebensräume, insbesondere ihre Nistplätze zerstört. Oft sind die Wege von Naturschutzgebiet zu Naturschutzgebiet so weit, dass sich die Insekten nicht verbreiten können. In der Landwirtschaft werden die Felder immer größer, weil die Bauern immer effektiver arbeiten müssen, um wirtschaftlich zwar nicht auf die Rote Liste, aber dennoch nicht in die roten Zahlen zu kommen.

Die Art der Flächennutzung ist ausschlaggebend für unsere biologische Vielfalt. Viele Tiere und Pflanzen profitieren von einer extensiven Bewirtschaftung von Äckern, Weiden und Forstgebieten. Intensiv bewirtschaftete Flächen dagegen schaden. Sie stören Biotope, Böden und Gewässer und werden mit viel zu viel Nährstoffen angereichert. Der technische Wandel hat dazu beigetragen, dass die Maschinen ständig größer werden und damit auch die Ackerschläge. Das geht zulasten ökologischer Landschaftsteile. Auch steigt bei uns der Anteil von Flächen, die für den Siedlungsbau und den Verkehr genutzt werden. Ziel sollte es sein, den Flächenverbrauch zu senken und den vorhandenen Siedlungsbereich optimal zu nutzen, ihn ökologisch aufzuwerten. Vergessen Sie also Schottergärten (dazu später noch mehr).

Doch bei alldem sollte man nicht zu streng urteilen, damit würde man es sich auch zu leicht machen. Alles hat schließlich zwei Seiten. Ich bin nicht nostalgisch veranlagt, jedenfalls nicht, was das Landleben an sich betrifft, auch wenn ich nur zu gerne in einem Dorf lebe, in meinem Dorf. Die meisten Menschen, die in der Großstadt zu Hause sind, können sich schwer vorstellen, wie es vor gar nicht mal so langer Zeit noch war, auf dem Land zu leben, wie die Arbeitsbedingungen in der Landwirtschaft waren, wie damals die Gärten bestellt wurden. Nicht selten wurde mit Mangel, Hunger, Elend und Krankheit gekämpft, zum Teil bis weit ins 20. Jahrhundert hinein. Das einstige Landleben sollte man also nicht idealisieren, sondern auch ein wenig froh sein, dass diese Zeiten unwiederbringlich vergangen sind.

Klar, Stadt bedeutet Hektik, bedeutet Stress, aber abhängig vom Boden und Wetter zu sein, ist nicht minder beschwerlich, viele Bauern brachte das an den Rand des Existenzminimums. Unkräuter, Schädlinge oder Überschwemmungen konnten ganze Ernten zerstören. Mühevolle Arbeit übers ganze Jahr wurde mit einem Schlag vernichtet. Der Mensch stand dann auf verlorenem Posten. Es war ein Aufatmen, als Anfang des 20. Jahrhunderts synthetischer Stickstoffdünger in großen Mengen produziert werden konnte und mit Beginn des Zweiten Weltkriegs vermehrt chemische Düngemittel in den verschiedensten Kombinationen auf den Markt kamen. Die Maschinen wurden immer effizienter, sie sorgten dafür, dass die Arbeiten auf dem Feld nicht mehr so anstrengend waren. Diese Form der Landwirtschaft steht heute immer stärker in der Kritik, auch zu Recht, aber darüber sollten wir nicht vergessen, dass sie auch Positives brachte, etwa die ganzjährige Versorgung der Menschen.

Ja, der Preis war hoch, weltweit ist es dadurch zu einer Bedrohung der Artenvielfalt gekommen. Die Flurbereinigung durch die größer werdenden Maschinen hat dazu geführt, dass seit den fünfziger Jahren Tausende Kilometer von Wallhecken herausgerissen wurden. Grüne Inseln, Baumgruppen auf Feldern, überhaupt üppig blühende Feldränder sind verschwunden, und es verschwinden immer mehr. Bäche werden begradigt, Böden verdichtet und neue feste Wegstrecken für die großen Maschinen angelegt. Die heutige «saubere» Landwirtschaft hat keinen Platz für Wildkräuter und somit auch nicht für deren Nutznießer, die Insekten. Und damit haben auch die Insektenfresser das Nachsehen.

Der Nitratüberschuss durch die Landwirtschaft, die Stickstoffverbindungen aus der Luft durch Autoverkehr und Industrie sind mit drastischen Folgen verbunden, zu erkennen unter anderem am massiven Algenwuchs, an getrübten, übersäuerten Gewässern, an Magerwiesen, die von Brennnesseln und Löwenzahn überwuchert sind. Das sind gravierende Schäden am Ökosystem, manche von ihnen sind irreparabel. Dann, wenn Tier- und Pflanzenarten schon ausgestorben sind.

Die Bedeutung vieler Arten für unser natürliches Gleichgewicht wird zum Glück von Wissenschaftlern verstärkt untersucht. Ein Zurückrudern Richtung vergangener Zeiten wird uns da nicht viel helfen. Vielmehr müssen neue Lösungen gefunden werden. Wir wollen zum Mars fliegen, bekommen aber die Probleme auf der Erde nicht in den Griff. Wäre es denn nicht viel wichtiger, unseren Kindern eine intakte Natur zu übergeben?

Es nützt auch wenig, die Landwirtschaft umfassend anklagen zu wollen. Wir hätten wohl nicht viel davon, wenn Deutschland nur aus Biotopen bestehen würde und wir dafür unsere Lebensmittel aus dem Ausland importieren müssten. Denn wenn wir weniger anbauen, wird woanders mehr angebaut. Die Flächen werden nur verlagert, damit wir hier ein ruhiges Gewissen haben können.

Wir könnten aber schonende Maßnahmen für die Landwirtschaft entwickeln und so Vorreiter für andere sein. Die Natur birgt noch so viele Geheimnisse, die darauf warten, gelüftet zu werden. Diese Entdeckungen werden uns schließlich dabei helfen, weniger Dünger, weniger Pflanzenschutzmittel, weniger Ressourcen (die eh begrenzt sind) zu verschleudern.

Ich bin kein Wissenschaftler, ich habe aber eine große Neugier und in den letzten Jahren viel von meinem Garten gelernt. Ich will mich nicht eines Tages vor meinen Kindern rechtfertigen müssen, warum wir unsere Natur so verhunzt haben. Und ich denke, dass ich das auch nicht tun muss. Dabei geht es nicht nur darum, die Natur zu schützen, sondern auch all jene zu unterstützen, die sich für sie einsetzen. Sorgen Sie dafür, dass Ihre Kinder Interesse entwickeln, die Naturschützer von morgen zu werden. Beobachten nicht nur Sie allein die Natur, wecken Sie dieses Interesse auch bei Ihren Kindern. Ihre Kinder sollen die Experten in Sachen Ökologie von morgen werden. Denn, wie gesagt, wer die Natur erhalten möchte, muss sie kennen.

Vor diesem Hintergrund sollten wir verstehen, dass ein begrenztes Nahrungsangebot durch die Bebauung und Versiegelung von Vegetationsflächen, durch landwirtschaftliche Monokulturen, Flurbereinigung und die Wildkräuterbekämpfung Probleme für die Wildbienen bereitet. Wohin sollen sie (und andere Insekten) sich denn zurückziehen, wenn in den Parks und Grünanlagen die Rasenflächen immer noch so kurz geschnitten werden, als hätte man sich die Frisur eines GIs zum Vorbild genommen? Wildbienen, weil eben keine Nutztiere, sind ungeschützt der Gier und dem Expansionsstreben der Menschen ausgesetzt.

PESTIZIDE IM KLEINGARTEN

Was man auch einmal bedenken sollte: In Deutschland gibt es etwa siebzehn Millionen Haus- und Kleingärten, da gäbe es schon einen reichlich gedeckten Tisch für Insekten. Aber bis vor einigen Jahren haben 90 Prozent der Kleingärtner und 60 Prozent der Hausgärtnerinnen chemischen Pflanzenschutz ausgebracht. Oder mit anderen Zahlen vielleicht noch etwas eindringlicher ausgedrückt: Jährlich verwenden deutsche Kleingärtner und Kleingärtnerinnen 7000 Tonnen Pestizide. Sie können sich nicht vorstellen, wie viel das ist? Vielleicht hilft dieses Bild: 7000 Tonnen entsprechen einem Gesamtgewicht von 40 Blauwalen. Das ist eine ganze Menge. Die Chemie tötet aber nicht nur die Schädlinge (und verändert unseren Boden), sondern auch viele

Ein Garten ohne Chemie ist ganz einfach – ich zeig es Ihnen.

Insekten, die wichtig sind, um das Gleichgewicht im Garten auf natürliche Weise herzustellen. Dabei ersetzen die Insekten umweltschädliche Gifte und machen sie zu einem großen Teil überflüssig. Oft mit so einfallsreichen und genialen Tricks, dass es einem den Atem verschlagen kann. Hätte man da nicht selbst draufkommen können? Viel zu lange hatte ich mich mit den Pestiziden beschäftigt – und weniger mit den Insekten. Das will ich nun ändern.

Natürlich arbeiten nützliche Insekten nicht im Ruckzuck-Verfahren, wie wir es gewohnt sind, wenn wir Pestizide einsetzen. Einmal gesprüht – und schon ist das Problem beseitigt. So läuft es in der Natur nicht. Da brauchen wir ein wenig mehr Geduld,

43

müssen auch die Kreisläufe in der Natur besser verstehen, die Lebensweise, das Zusammenspiel und die Gewohnheiten von Insekten. Wenn wir diese Geduld aufbringen, können wir künftig einen wirklich chemiefreien Garten haben. Denn wir können nicht auf der einen Seite das Insektensterben bedauern und auf der anderen Seite mit der Chemiekeule losziehen. Grundsätzlich ist also meine Devise, meine Pflanzen so zu stärken, dass sie mit den Insekten klarkommen, ganz gleich, ob sie nun nützlich oder schädlich sind. Vieles reguliert sich in einem intakten Garten mit einer großen Artenvielfalt von alleine, manchmal reicht es aus, wenn man bestimmten unwillkommenen Insekten den Appetit auf die Pflanzen nimmt. Sitzen auf den chemiefreien Rosen viele Blattläuse, sind Meisen und Marienkäferlarven nicht weit, um sich ordentlich satt zu futtern. Da brauche ich als Gärtner nicht viel zu machen.

Es gibt so viele Nützlinge und Wächter in unserem Garten, einzeln bewirken sie wenig, aber als Mitglieder eines komplexen Systems tragen sie zur Erhaltung eines Gleichgewichts im Garten bei.

Und was die Pestizide betrifft: In Europa ist Deutschland immer noch die Nummer eins im Verkauf von chemischen Pflanzenschutzmitteln, da hat das umweltbewusste Denken noch nicht gegriffen. Als besonders schädlich eingestufte Mittel werden zwar vom Markt genommen, aber gleichzeitig werden wieder neue zugelassen. Und wenn sie chemisch wirksam sind, kann man sie kaum als bienenfreundlich beschreiben. Über 50 Prozent dieser Mittel sind Unkrautvernichter und über zwölf Prozent davon Insektenvernichter. Wir sind hier also gefragt, denn unsere Gartenflächen können zum Rückzugsort oder auch Zwischenstopp für viele gefährdete Arten werden.

HALLO, WILDBIENE!

In einem naturnahen Garten kann man gerade im Frühling die ersten Wildbienen bewundern. Einige sind winzig klein, andere recht groß, zu diesen Exemplaren zählt die Holzbiene. Es gibt Seiden- und Maskenbienen, Furchen- und Schmalbienen, Sand-, Mauer- und Pelzbienen. So unterschiedlich sie aussehen, eines haben sie gemeinsam: Sie können keinen Honig produzieren. Aber weil sie eine ganz große Bedeutung bei der Bestäubung vieler Wild- und Nutzpflanzen haben – sie zählen weltweit zu den wichtigsten Bestäubern –, sollten wir auch etwas für ihren Schutz tun.

Ganz generell sollten Sie einen Garten der Vielfalt anlegen. Er macht am wenigsten Arbeit, denn Nützlinge und Schädlinge behaupten sich hier mit ihren jeweils eigenen Waffen und regulieren sich selbst. Wichtig zu wissen ist, dass die verschiedenen Bienenarten zu unterschiedlichen Zeiten im Jahr unterwegs sind. Wer in seinem Garten gezielt pflanzt, kann dafür sorgen, dass das Nahrungsangebot nie versiegt, sondern immer genügend Blüten ein ausreichendes Futterangebot anpreisen.

GARTEN DER VIELFALT

In meinem Frühlingsgarten biete ich eine Menge an stärkender Insektennahrung an: Bei uns blühen die Blaukissen *(Aubrieta)*, das gelbe Steinkraut *(Alyssum saxatile)*, Gänsekresse *(Arabis)* und die weiße Schleifenblume *(Iberis)*. Auch dies alles Kreuzblütler. Jetzt muss man natürlich noch wissen, was eigentlich Kreuzblütler sind und was an diesen Pflanzen so besonders ist. Die Blütenpflanzen, die zu dieser Familie gehören, kann man an folgenden Merkmalen erkennen: Sie haben vier

Blütenblätter, die wie ein Kreuz angeordnet sind. Viele Blüten setzen sich zu einer Traube zusammen, weshalb die einzelne Blüte eher klein ist. Die Blätter sind wechselständig, das bedeutet, dass sich kein Blatt auf gleicher Höhe mit einem anderen befindet. Die Frucht besteht aus einer Schote, in der sich die Samen der Pflanze befinden.

Aber neben den Kreuzblütlern – weil ich schon mal dabei bin, und ein bisschen Pflanzenwissen schadet nie – sind in meinem Garten noch andere Pflanzenfamilien anzutreffen. Ich will gar nicht alle aufzählen, sondern nur die wichtigsten sechs nennen:

Korbblütler haben sich am stärksten in unserem Garten ausgebreitet, es gibt sie ein-, zwei- oder mehrjährig. Die Anordnung der Blätter ist auch hier vorwiegend wechselständig. Typisch sind die körbchenförmigen Blütenstände, sie sehen wie Einzelblüten aus, setzen sich aber aus bis zu hundert Blüten zusammen, die von außen nach innen aufblühen. Viele Insekten werden durch die scheinbar einzelne große Blüte angelockt. Warum das so ist? Weil der Nektar auf diese Weise leicht zu erreichen ist und die Insekten dafür keine besonders langen Rüssel oder anderen komplizierten Mundwerkzeuge benötigen. Auch ist das Gewicht der Insekten hier nicht von Belang. Die Früchte sind meistens eine Sonderform der Nuss *(Achäne)*. Korbblütler in meinem Garten sind Berufskraut *(Erigeron)*, Flockenblume *(Centauria)*, Löwenzahn *(Taraxacum)*, Gemeine Wegwarte *(Cichorium intybus)*, Gänseblümchen *(Bellis perennis)*, Echte Kamille *(Matricaria chamomilla)* und Japanische Chrysantheme *(Chrysanthemum japonicum)*.

Weiterhin wachsen bei mir *Lippenblütler*. Diese Gewächse haben eine hohle, vierkantige Sprossachse (die Sprossachse verbindet die Wurzel mit den Blättern und Blüten), sie enthält ätherische Öle. Es gibt sie einjährig oder mehrjährig, als krau-

Von Pollen kann man nie genug bekommen.

tige oder verholzende Pflanzen. Die Blätter sind vorwiegend gegenständig, sie stehen sich gegenüber. Gut zu erkennen sind die Mitglieder dieser Pflanzenfamilie an den charakteristischen Lippenblüten: eine Oberlippe, die oft ein wenig zurückgebildet ist, sowie eine Unterlippe. Häufig sind von den fünf Blütenblättern (Kronenblätter) zwei zur Oberlippe und drei zur Unterlippe verwachsen. Die Lippenblütler haben zum Teil sehr spezialisierte Bestäubungsmechanismen entwickelt und sich bestimmten Insekten angepasst. Meine bekanntesten Lippenblütler sind Salbei, Lavendel, Minze, Oregano und

47

Basilikum. Ein wichtiges Lippenblütler-Gehölz ist in meinem Garten auch noch die wunderschön blau blühende Bartblume. Auf den ersten Blick wirkt sie wie eine Staude, aber sie ist ein Halbstrauch, der bis in den Herbst hinein blüht und so auch noch spät Nahrung für viele Insekten bietet.

Die Blüten dieser Familie sind so aufgebaut, dass eine Fremdbestäubung geradezu herausgefordert wird. Insekten werden tief in die Blüte gelockt, um den leckeren Nektar zu sammeln. Und durch die ausladende Unterlippe der Blüten haben gerade viele Bienenarten einen hervorragenden Landeplatz. Krabbeln sie von ihrer bequemen Ausgangsposition in die Blüte hinein, sammeln sich auf ihrem Rücken die Pollen – der Bestäubung steht dann nichts mehr im Wege.

Weiterhin gibt es bei mir im Garten natürlich auch noch die *Schmetterlingsblütler*. Die Pflanzen, die zu dieser Familie gehören, haben einen besonders großen Nutzen in der Landwirtschaft sowie in unseren Gärten. Das hat damit zu tun, dass sie mit den Knöllchenbakterien zusammenarbeiten, mit ihnen in Symbiose leben. Diese Bakterien, die an der jungen Wurzel eindringen und sich zunächst auf Kosten der Wirtspflanze mit Kohlenhydraten versorgen, binden dafür aber den Stickstoff aus der Luft. Später verändert sich dann das Zusammenleben zwischen der Wirtspflanze und den Knöllchenbakterien zu einem Parasitismus seitens der Wirtspflanze. Die Knöllchenbakterien werden von der Wirtspflanze verdaut, und der von ihnen gebundene Stickstoff wird verbraucht. Aus diesem Grund gelten Schmetterlingsblütler als gute Bodenverbesserer und werden auch als Düngerpflanzen (Gründünger) eingesetzt. Zudem sind sie für uns als Eiweißlieferanten wichtig. Leguminosen (Hülsenfrüchte) wie Erbsen, Linsen und Bohnen (auch die Sojabohne) sind für uns perfekte Proteinlieferanten. Diese artenreiche Unterfamilie der Hülsenblütler ist sehr verschie-

Eine Wiesenhummel schlürft Nektar aus der Kleeblüte.

den, gemeinsame Merkmale gibt es kaum. Typisch sind die gefiederten Laubblätter, wechselständig angeordnet. Die Blüten hängen in Trauben manchmal so dicht, dass sie auch hier häufig wie eine Blüte erscheinen. Gut zu sehen beim Klee. In meinem Garten sind auch noch der Ginster, die Staudenwicken am Zaun und der rankende Blauregen Schmetterlingsblütler. Als Frucht bilden sie Hülsen aus.

Zu den *Doldenblütlern* werden krautige Pflanzen mit mehrfach geteilten wechselständigen Blättern und Doppeldolden

Schwebfliegen lieben Fenchelblüten und haben sie immer im Visier.

als Blütenstand gezählt. Durch den Blütenstand lassen sie sich leicht zuordnen. Zu den Doldenblütlern gehören viele Nahrungs- und Gewürzpflanzen, aber auch einige sehr giftige Gewächse wie der Wasserschierling. Die Pflanzen sind meistens mehrjährige Stauden mit einem hohlen Stängel. Oft bilden sie eine Pfahlwurzel. Die Doppeldolde ist vierstrahlig, besteht also aus vielen Döldchen. Der Blütenstand bildet eine große Kuppel – die perfekte Landebahn für viele Insekten. Besonders kurzrüsselige Insekten machen sich über den leicht zu erreichenden Nektar her. Die Frucht ist eine trockene zweiteilige Spaltfrucht (Doppelachäne). Doldenblütler in meinem Garten sind Dill, Fenchel, Liebstöckel, Petersilie und Sellerie.

Glockenblumengewächse findet man weltweit, sie sind größtenteils mehrjährig und winterhart. Oft werden Rhizome (Erdsprossen) als Überwinterungsorgane gebildet. Die Blätter sind häufig gezahnt, die Blüten stehen einzeln oder zusammen in Trauben, Ähren oder Dolden. Die fünf Kronenblätter sind verwachsen und bilden so die typische Glockenform, mal stehend, mal hängend. In unserem Garten blühen die Zwerg-Glockenblume *(Campanula cochleariifolia)*, die Pfirsichblättrige Glockenblume *(Campanula persicifolia)* sowie die Weiße Glockenblume *(Campanula pendula)*.

Diese sechs Pflanzenfamilien werden von bis zu 90 Prozent der Insekten angeflogen, wobei sich viele von ihnen auf bestimmte Pflanzen festgelegt haben. Oft geht es da um den Pollen, der beispielsweise bei den Wildbienen für den Nachwuchs benötigt wird. Nektar wird an allen Pflanzen gesammelt, viele Insekten nutzen ihn für den Eigenverbrauch und als Flugbenzin.

FLATTERHAFTES LEBEN

Pünktlich mit den ersten Sonnenstrahlen entdecke ich das Tagpfauenauge *(Aglais io)*, einen prachtvollen Edelfalter. Ich treffe ihn an unserer Weide, an den Schlehen und am Löwenzahn an. Er ernährt sich rein vegetarisch vom Nektar der Blüten und von Pflanzensäften. Wenn wir ihn oder andere Schmetterlinge wie den Zitronenfalter oder den Kleinen Fuchs in unseren Gärten

Die Raupen des Tagpfauenauges lieben meine Brennnesseln, wohingegen der Falter nicht wählerisch ist und alles anfliegt, was Nektar spendet. Mit Vorliebe rote oder violette Blüten.

bewundern können, haben die Tiere bereits eine komplizierte Entwicklung vom Ei über das Raupen- und das Puppenstadium hinter sich. Nach dieser Metamorphose vom hässlichen «Wurm» zu einem schönen, bunten Falter leben die meisten Schmetterlinge nur noch ein knappes Jahr.

Schmetterlinge sind aber nicht nur schön, sie sind auch sehr nützlich. Denn sie flattern von Blume zu Blume und saugen Nektar durch ihre Rüssel. Dabei leisten sie einen wichtigen Beitrag

Nektarliebhaber: Der Admiral flattert zum Glück noch häufig herum. Seine Raupen ernähren sich hauptsächlich von der Großen Brennnessel.

zur Bestäubung von Pflanzen. Außerdem sind Schmetterlinge ebenso wie Raupen, Käfer und andere Insekten Nahrung für unsere heimischen Vögel.

Da sich die Raupen des Tagpfauenauges nahezu nur von Brennnesseln ernähren, die für sie perfekte Futterpflanzen sind, werden sie häufig Brennnesselfalter genannt. Das ist mit ein Grund, immer einige Brennnesseln im Garten stehen zu lassen, da man den Raupen so eine Nahrungsgrundlage bietet (es gibt

Dem Kleinen Fuchs einmal unter die Flügel geschaut

noch einen anderen Grund, Brennnesseln im Garten zu belassen, aber dazu später). Nach meiner Beobachtung bevorzugen die Falter noch folgende Landeplätze: Sommerflieder, Disteln, Flockenblumen, Skabiosen, Klee, Schmetterlingsbäume (Lieblingspflanze!) und im Herbst Astern, Tagetes und Efeu. Gärendes Obst am Boden oder auch Früchte, die noch am Baum hängen, sind ebenfalls willkommene Nahrungsquellen.

Schmetterlinge brauchen aber nicht nur Nahrung. Sie lieben die Wärme und mögen große, von der Sonne aufgeheizte Steine und Baumstümpfe. Um tierisches Leben in die Gärten zu locken, gibt es einige goldene Pflanzgebote, die ich immer nur wiederholen kann: heimische Pflanzen anbauen, ein Stückchen Natur verwildern lassen, biologisch gärtnern, Hecken anlegen und Versteckmöglichkeiten schaffen. Etwa mit einem Schmetterlingshotel, wo sie gerne einchecken.

APRIL

· · · · · · · · ·

NISTHILFEN SELBST GEBAUT

Oft wird geraten, Insektenhotels im Garten aufzustellen, um so den Wildbienen Schutz und Heimat zu geben – zumal Wildbienen nicht stechen und man in Ruhe in seinem Garten Bienenstich essen kann, ohne dabei gestört zu werden. Und so habe ich mir, wie viele andere auch, sofort im nächsten Geschäft ein Insektenhotel besorgt, das von den Tieren nicht nur benutzt werden sollte, um im Winter einzuchecken, sondern ich wollte es den Insekten das ganze Jahr über zur Verfügung stellen. Ich wollte ja etwas Gutes tun. Und die Aussicht auf einen hohen Ertrag in unserem Nutzgarten fand ich dann auch gar nicht schlecht. Aber das Erwachen kam schnell. Äußerlich gefiel mir das Hotel sehr, es war schön fürs Auge, keine Frage. Aber die erwarteten Hotelgäste sahen das nicht so, in ihren Augen war es wohl eher eine Bruchbude, denn keine Biene wollte auf Dauer einziehen. Was stimmte da nicht, sie konnten hier doch mietfrei wohnen?

Es hat ein bisschen gedauert, bis ich auf Experten traf, die mir auf die Sprünge halfen. Das Erste, was ich lernte: 80 Prozent der angebotenen Nützlingshotels sind nicht zu gebrauchen. Sie sind meistens so konstruiert, dass etwa Wildbienen sie nur als Zwischenstopp benutzen, als einen Platz zum Anhalten. In diesem Sinne war «Hotel» schon die richtige Bezeichnung, aber ich wollte ja gerade keine Wildbienen auf Durchreise, ich wollte, dass sie blieben. Sie sollten ihr neues Domizil als Zuhause empfinden. Als ich das gegenüber den Fachleuten zum Ausdruck brachte, gab man mir zu verstehen, ich bräuchte eine Nisthilfe, das wäre

Insektenhotels in dieser Ausführung sind kaum zu gebrauchen.

Hier ist schon alles besetzt – eine einfache Nisthilfe. Alle gebohrten Löcher sind bezogen und mit Lehm verschlossen.

auch die bessere Bezeichnung als ein Hotel, eine Nisthilfe sei ein wahres Quartier für Insekten, bis zu zwei Jahren würden sie in einem solchen Haus wohnen. Und wie es schien, musste ich mir diese wärmstens angepriesene Nisthilfe selbst bauen. Im Netz fand ich zahlreiche Anleitungen, aber der fachliche Rat war oft nur ein vermeintlicher. Trotzdem schlug ich mich tapfer durch, Restholz hatte ich genug in meinem Garten, um Experimente zu starten.

Sie müssen meine Fehler nicht wiederholen, deshalb diese gleich vorweg. Fehler Nummer eins: Nie einfach unbedacht ins Holz bohren. Ist das Holz nicht ausreichend getrocknet, entstehen Risse. Auf diese Weise können Parasiten und Feuchtigkeit eindringen. Von Wildbienen werden solche «Löcher» gar nicht erst angenommen. Beim Bohren sollten Sie darauf achten, dass keine Splitter entstehen. Verletzt sich eine Biene hierbei ihre Flügel, wäre das ihr Tod. Die sauber gebohrten Gänge (Bohrmehl durch Ausklopfen entfernen) sollten einen Durchmesser von 3 bis 8 Millimetern haben, die Bohrlänge entspricht der jeweiligen Bohrerlänge (5 bis 10 Zentimeter). Je größer der Bohrdurchmesser ist, desto größer muss der Abstand zwischen den Bohrlöchern sein (1 bis 2 Zentimeter), um auch hier Risse zu vermeiden. Möglichst ins Längsholz bohren, also dort, wo einst die Rinde war, und nicht ins Hirnholz, erkennbar an den kreisrunden Jahresringen.

Fehler Nummer zwei: Verzichten Sie auf die Verwendung von stark harzenden Hölzern wie Kiefer oder Fichte. Wer diese Hölzer als Baumaterial nimmt, hat das Nachsehen: Nisthilfen daraus werden ebenfalls nicht angeflogen, denn die Flügel der Bienen könnten durch das Harz verkleben. Bestens geeignet ist eine Nisthilfe aus entrindetem Hartholz. Ich habe Markstängel von Brombeeren (nicht horizontal verarbeiten, sondern vertikal, so wie sie auch in der Natur vorgefunden werden), Bambusrohre,

Die beste und kostenlose Nisthilfe für viele Insektenarten ist ein alter Holzblock.

Schilfhalme, morsches Holz und einen alten Eichenpfahl ausprobiert. Alles funktionierte bestens, das Holz sollte nur nicht frisch sein, sondern abgelagert.

Fehler Nummer drei: Loch- und Hohlziegel sind Bestandteil von fast jeder Nisthilfe, werden aber nicht von Wildbienen bewohnt. Darauf lassen sie sich erst gar nicht ein. Verwenden Sie lieber Ziegelsteine, in die Sie selbst Löcher bohren können. Handgemachte Löcher werden nämlich gerne besiedelt. Das ist wie mit gekauftem und selbstgebackenem Kuchen ...

Beim Aufhängen der Nisthilfen können ebenfalls Fehler gemacht werden. Sie gehören an einen sonnigen, windgeschützten Platz. Stehen sie zu schattig, taucht das Problem der Feuchtigkeit auf. Ich habe meine Nisthilfen im Garten in südwestlicher Richtung aufgebaut. Seitdem bin ich restlos begeistert, wie es da summt und brummt.

Im Internet kann man auch Bienenkokons mit schlupfbereiten Mauerbienen kaufen. Sie sind nicht ganz billig, und letztlich weiß man nie, ob diese Bienen auch dort landen, wo man sie haben will. Diese Kokons erwecken auch den Anschein, dass es gar kein Problem mit dem Wildbienensterben gibt, ich kann mir ja online welche bestellen. Mit den richtigen Gartenpflanzen und Nisthilfen kommen die Bienen von ganz allein und wachsen zu eigenen Populationen heran – Sie brauchen also erst gar keine Bienen käuflich zu erwerben.

Einige Futterpflanzen für richtig leckere Insektenmahlzeiten habe ich schon aufgezählt, aber ein Gang durch unseren Garten zeigt, dass man noch einiges mehr im Auge behalten sollte, damit das Angebot so reich wie möglich ausfällt. Viele sehen das gar nicht als wohlfeile Snacks an, aber entfernen Sie bloß nicht sämtliche Wildkräuter in den Beeten, den Fugen und auf dem Rasen. Niemals! Mein Rasen ist wunderschön dicht und grün, aber das eine oder andere Wildkraut darf gern mittendrin wachsen. Die Zeiten des englischen Rasens sind vorbei, denn ein solcher ist, mal ganz ehrlich, viel zu monoton und langweilig.

Apropos Rasen: Unser Sohn Benedikt ist ganz aufgeregt. Juhu, endlich kann er wieder den Rasen mähen. Der wird sich noch umgucken, denke ich im Stillen. Bis zum letzten Schnitt im Jahr liegt noch eine lange Strecke vor uns, da wird ihm zwischenzeitlich bestimmt mal die Lust vergehen. Aber das sage ich ihm natürlich nicht, denn ich will ihm die Freude nicht nehmen. Das Mähen ist schon möglich, weil der Boden recht trocken ist und der Rasen so gut wachsen konnte. Ein Biorasendünger wird eingesetzt, der hilft ihm auf die Sprünge. An einigen Stellen ist der Rasen recht stark verfilzt, hier hilft mein Vertikutierer, der holt nämlich den Filz und andere abgestorbene Pflanzenteile aus dem Rasen und sorgt dafür, dass die Wurzeln Luft bekommen. Die kahlen Flächen werden gleich nachgesät. Einen perfekten Ra-

Meine Frau Silvia beim Pflanzen – ohne sie läuft im Garten gar nichts.

sen strebe ich ja nicht an, aber ein wenig strapazierfähig sollte er schon sein, damit mein Sohn mit seinen Freunden auf ihm bolzen kann, ohne dass ihnen gleich die grüne Wiese um die Ohren fliegt. Wir alle lieben die Gänseblümchen, die auf ihm wachsen, auch den Pusteblumen räumen wir ein Bleiberecht ein.

Silvia sät weiterhin fleißig, ihre Devise: «Wer sät, wird auch ernten.» Dass sie damit recht hat, haben die letzten Jahre bewie-

sen: Dill, Erbsen, Fenchel, Blumenkohl, Brokkoli, Kohlrabi, Weißkohl und Rote Bete.

Ah, und da ist der so verhöhnte Giersch, doch der hat bei mir seine Daseinsberechtigung. Manchmal muss ich ihn ein wenig bremsen, damit er mir nicht über den Kopf wächst. Doch Ute, meine Nachbarin, hat uns beigebracht, dass er im Frühjahr sehr schmackhaft ist. In dieser Jahreszeit wird der Giersch zwischen Ute, unseren Hasen, uns und den Insekten geteilt. Viele Falter wie der Dukatenfalter oder der Kleine Eisvogel nutzen den Giersch als Nektar- oder Raupenfutterpflanze. Selbst als Bienenweide sind die Blüten des Gierschs geeignet. Sehen Sie ihn einmal mit anderen Augen an, er ist kein Unkraut!

Wenn Giersch also im Garten auftaucht, sollte man den Faltern und Bienen nicht alles wegfuttern, auch wenn es schwerfällt. Denn er schmeckt nicht schlecht, ein bisschen wie Petersilie, ein bisschen wie Sellerie. In einem Biogarten kann er problemlos für jeden Salat geerntet werden. Wenn es da nicht noch Carlos und Buri gäbe, zwei kleine Havaneser aus der Nachbarschaft, die zum Markieren ihres Reviers hoffentlich nicht den Giersch benutzen.

Und weil es in unserem Garten so viele insektenfreundliche Pflanzen gibt, liste ich sie bei meiner Begehung einfach mal auf:

Futterpflanzen für Insekten	Lateinischer Name	Blütezeit	Farbe
Weide	*Salix*	März–Mai	Gelb *Familie:* Weidenge- wächse
Ahorn	*Acer globosum*	April–Mai	Gelb *Familie:* Seifenbaum- gewächse
Haselnuss	*Corylus avellana*	Januar–April	Gelb *Familie:* Birkenge- wächse
Kornelkirsche	*Cornus mas*	März–April	Gelb *Familie:* Hartriegelge- wächse
Pfaffenhütchen	*Euonymus europaeus*	April–Juni	Rot *Familie:* Spindel- baumgewächse
Sommerflieder	*Buddleja davidii*	Juli–September	Rot, Weiß, Lila, Rosa *Familie:* Braunwurz- gewächse
Efeu	*Hedera helix*	August–September	Gelb *Familie:* Aralienge- wächse
Wildrosen	*Rosa canina*	April–September	Rosa *Familie:* Rosenge- wächse
Eibischstrauch	*Hibiscus syriacus*	Juni–September	Blau, Weiß *Familie:* Malvenge- wächse
Heidelbeere	*Vaccinium*	April–Mai	Weiß *Familie:* Heidekraut- gewächse

Futterpflanzen für Insekten	Lateinischer Name	Blütezeit	Farbe
Johannisbeeren	*Ribes*	April–Mai	Rot *Familie:* Stachelbeergewächse
Holunder	*Sambucus*	April–Mai	Weiß *Familie:* Moschuskrautgewächse
Obstbäume (Pfirsich, Kirsche, Apfel, Birne)		April–Mai	Weiß, Rot, Rosa *Familie:* Kernobstgewächse/Steinobstgewächse
Berberitze	*Berberis vulgaris*	April–Juni	Gelb, Rot *Familie:* Berberitzengewächse
Blauregen	*Wisteria sinensis*	April–Mai	Blau, Weiß, Rosa *Familie:* Hülsenfrüchtler
Himbeeren	*Rubus idaeus*	Mai–Juli	Weiß *Familie:* Rosengewächse
Geißblatt	*Lonicera caprifolium*	Mai–Juli	Rot, Rosa, Gelb, Weiß *Familie:* Geißblattgewächse
Borretsch	*Borago officinalis*	Juni–September	Blau *Familie:* Raublattgewächse
Echter Salbei	*Salvia officinalis*	Juni–September	Blau, Weiß *Familie:* Lippenblütler
Gemeine Schafgarbe	*Achillea millefolium*	Juni–Oktober	Gelb, Weiß, Rot, Rosa *Familie:* Korbblütler

Futterpflanzen für Insekten	Lateinischer Name	Blütezeit	Farbe
Gänseblümchen	*Bellis perennis*	Juni–Oktober	Gelb, Weiß, Rosa *Familie:* Korbblütler
Löwenzahn	*Taraxacum sectio ruderale*	März–September	Gelb *Familie:* Korbblütler
Schneeball	*Viburnum opulus*	April–Mai	Weiß *Familie:* Moschuskrautgewächse
Katzenminze	*Nepeta spec.*	April–Juni	Blau *Familie:* Lippenblütler
Scharfer Mauerpfeffer	*Sedum acre*	Mai–August	Gelb *Familie:* Dickblattgewächse
Fette Henne	*Sedum spectabile*	August–Oktober	Rosa, Rot *Familie:* Dickblattgewächse
Thymian	*Thymus*	April–August	Lila, Blau, Weiß *Familie:* Lippenblütler
Lavendel	*Lavendula angustifolia*	Mai–August	Blau, Weiß *Familie:* Lippenblütler
Flammenblume	*Phlox paniculata*	Mai–September	Blau, Weiß, Rot und andere Farben *Familie:* Sperrkrautgewächse

Erwischt: das Taubenschwänzchen beim Nektarsaugen in den
frühen Abendstunden

WAS SIND EIGENTLICH INSEKTEN GENAU?

Bislang haben Sie nur einige Bienen und wenige andere Tierchen kennengelernt, die sich im Frühjahr zeigen, aber kein Lebewesen bevölkert die Erde in solch großer Zahl wie die Insekten. Allein in Europa gibt es über 100 000 Arten. Sie begegnen uns auf Schritt und Tritt. In der Natur, im Garten, im Haus oder im Keller. Bei uns Menschen lösen sie unterschiedliche Gefühle aus. Am Teich erfreuen wir uns an einer schön schillernden Libelle, doch zu nah sollte sie auch nicht kommen, irgendwie wirken ihre Augen bedrohlich. Und haben die nicht auch einen gefährlichen Stachel? Wir schauen gerührt zu, wenn eben die ersten Bienen im Frühjahr die Frühblüher besuchen. Doch wenn wir einen Silberfisch in der Badewanne entdecken, ist es mit unserem Wohlgefühl vorbei. Augenblicklich überlegt man, ob man nicht einen Kammerjäger kommen lassen sollte. Die fressen doch Zellulose, und wenn die an meine Bücher gehen und sich durch die Buchstaben fressen? Und dann Kopfläuse – bei Kindern geht das gar nicht. Wehe aber auch, wenn wir Blattläuse an unseren geliebten Pflanzen entdecken. Schon erklären wir in einer Überreaktion allen Insekten in Beeten und an Balkonpflanzen den Krieg. Schnell geht's ins Gartencenter, und es werden die schärfsten Waffen gekauft und eingesetzt. Ohne zu überlegen, ob sie möglicherweise mehr Schaden als Nutzen verursachen.

Insekten sollten nicht nach den Gefühlen, die sie bei uns auslösen, bewertet werden. Insekten sollte man auch nicht nach ihrer Schönheit beurteilen, wir sind in unserem Garten nicht auf dem Laufsteg. So manches Tierchen, das für hässlich gehalten, gar als abscheulich empfunden wird, weist Fähigkeiten auf, bei denen die Beautys vor Neid erblassen können. Unsere Devise sollte sein, mehr über Insekten in Erfahrung zu bringen, ihre Leistungen besser zu erkennen und anzuerkennen, dann ist es auch möglich, einen anderen Blick zu entwickeln, jedenfalls auf das, was um uns herum summt, brummt, krabbelt und schwirrt. Und wir können sie so, mit unserer veränderten Einstellung, besser schützen.

Insekten haben sich über die ganze Erde ausgebreitet und sich allen Lebensräumen angepasst (sie fehlen nur im offenen Meer und an den beiden Polen). Seit ihrem Erscheinen auf unserem Planeten entwickelten sie eine ungeheure Artenvielfalt. Wer mit offenen Augen durch den eigenen Garten geht, wird auf eine

Menge Insekten treffen. Und so verschieden sie auch sind, der Grundbauplan ist immer gleich: Er gliedert sich in drei Körperabschnitte. Der Kopf mit Fühler, Augen und Mundwerkzeugen sitzt vorne, in der Mitte befindet sich der Brustbereich mit drei Paar gegliederten Beinen und oft noch zwei Flügelpaaren. Im Hinterleib liegen die inneren Organe. Insekten atmen über sogenannte Tracheen, ein verzweigtes Röhrensystem, das die Zellen mit Sauerstoff versorgt; dazu kommen ein offenes Blutgefäß- und ein Strickleiternervensystem auf der Bauchseite des Tieres. Die einzelnen Nervenknoten vereinigen sich im Kopf – Insekten haben also ein Gehirn, das als ein einfaches Gehirn bezeichnet wird. Durch diese Konzentration der Nervenzellen erreichen sie eine höhere Leistungsfähigkeit als zum Beispiel ein Regenwurm, bei dem Nervenknoten einzig in jedem einzelnen Segment zu finden sind. Stabilität insgesamt bekommen Insekten durch eine

Panoramasicht: Eine riesige Libelle hat mit ihren faszinierenden Facettenaugen alles im Blick.

Eine Schwebfliege macht Rast, angelockt vom Rosenduft.

Chitinschicht, die alle drei Körperabschnitte umgibt. Es ist eine Art Außenskelett aus einem hornartigen, sehr festen, aber zugleich auch elastischen Stoff. Der Chitinpanzer ist die Ritterrüstung der Insekten.

Die Mundwerkzeuge haben sich der Ernährungsweise der Insekten angepasst, je nachdem ob sie zum Nahrungserwerb beißen, saugen, lecken oder stechen. Auffällig und spannend sind ihre Augen, sie bestehen aus zusammengesetzten Einzelaugen, so hat eine Stubenfliege etwa 4000 Einzelaugen und eine Großlibelle rund 30000. Diese Komplexaugen sind extrem leistungsfähig und spezialisiert auf Bewegungen. Im Vergleich zum menschlichen Auge mit nur einer Linse bieten die

Komplexaugen Vor- und Nachteile. Ihr Vorteil liegt in der zeitlich höheren Auflösung: Während ein menschliches Linsenauge maximal sechzig Bilder pro Sekunde wahrnehmen kann, sind einige fliegende Insekten dazu fähig, 300 Bilder pro Sekunde zu verarbeiten. Dadurch gelingt es ihnen, unglaublich präzise Flugmanöver zu absolvieren. Hinzu kommt ein erweitertes Sichtfeld – 360 Grad gegenüber knapp 180 Grad beim Menschen –, also: Panoramablick. Die Nachteile der Facettenaugen sind eine begrenzte räumliche Auflösung der Bilder sowie eine gewisse Lichtempfindlichkeit.

Die Fühler oder Antennen sind wie die Augen ebenfalls Sinnesorgane, haben aber andere Funktionen, mit ihnen werden Gerüche wahrgenommen, auch der Tastsinn ist hier angesiedelt. Insekten sollte man also nie unterschätzen.

ANTRITT ZUM MASKENWECHSEL

Säugetiere, Vögel, Fische oder Reptilien wachsen langsam zu voller Größe heran, bei einigen Insekten sieht das etwas anders aus. Sie durchleben Phasen, bis sie geschlechtsreif sind, können sich vollkommen verwandeln, sodass man vom Äußeren her nicht mehr auf eine frühere Gestalt schließen kann. Metamorphose wird das genannt, ein tiefgreifender Umbau, ausgelöst durch Hormone, da wird abgeworfen, eingeschmolzen, Farben werden verändert, Bewegungsunfähigkeit mutiert in Bewegungsfähigkeit.

Nehmen wir als Beispiel den Kleinen Fuchs *(Aglais urticae)*, einen anpassungsfähigen, häufig vorkommenden Schmetterling, rostbraunorange als Grundfarbe, mit schwarz-gelb-weißer Zeichnung. Nach der Paarung legen die Weibchen im Frühjahr bis zu hundert gestreifte und gerippte Eier in Hellgrün auf den

Einer unserer häufigsten Tagfalter: der Kleine Fuchs. Er braucht Nektarpflanzen wie diesen Lavendel zum Überleben.

Blättern von Brennnesseln ab. Nach einigen Tagen, abhängig von der Witterung, schlüpfen die Raupen, kaum 30 Millimeter groß, schwarz mit weißen Flecken und gelben Seitenlinien, dazu auf dem Rücken und an den Seiten Stacheln. Zehn bis zwölf Tage futtern sie sich an den Nesseln satt. Nach dem großen Fressen erfolgt die Verpuppung. Was dann wie Stillstand aussieht, geht vielmehr mit einer kompletten Umgestaltung einher, als wäre da ein Schönheitschirurg am Werk, um zu demonstrieren, dass er ein Ganzkörperlifting beherrscht.

Nach weiteren zehn Tagen, manchmal auch etwas früher, schlüpfen die Schmetterlinge. Und weil sie nun fortpflanzungsfähig sind, geht dieser Kreislauf bald wieder von vorne los. Insekten mit einem Larvenstadium haben eigenwillige Zeiten,

Eine junge Dame aus der Art der Plattbauchlibellen ist unterwegs.

was ihre Existenz betrifft, und oft leben die Larven länger als die Erwachsenen. Die Larve des Maikäfers schafft es auf vier Jahre, der Käfer selbst nur auf drei Monate; die Larven der Plattbauchlibelle bleiben knabbernd knapp zwei Jahre in diesem Zwischenstadium, die ausgewachsene Libelle nur drei Monate. Die Larven einer in den USA vorkommenden Zikade, die *Magicicada septendecim*, tragen ihren lateinischen Namen zu Recht, denn sie genießen ihren Umbau siebzehn Jahre lang, wobei die Zikade nur einige Wochen singt.

Larven führen ein sehr eigenes Leben, im Gartenbau werden sie als beißende Insekten bezeichnet. Mit ihrer unermüdlichen Fraßtätigkeit bringen sie so manche Gärtnerin, so manchen Gärtner zur Weißglut. Da muss man nur an den Buchsbaumzünsler *(Glyphodes perspectalis)* denken, der sich nicht geniert, liebevoll gehegte und gepflegte Buchsbäume gnadenlos aufzufressen, als wären es Marzipankartoffeln oder kleine süße grüne Kiwis. Genauer gesagt, nicht der Falter ist der nimmersatte Bösewicht, sondern es sind die Raupen, die aus den von ihm in den Buchsbaum abgelegten Eiern schlüpfen. Der Schmetterling selbst lebt kaum mehr als eine Woche und hockt auch nicht im Buchs. Dafür die Raupen, und die sorgen in ihrer Hemmungslosigkeit für den Kahlschlag, obwohl die Raupen des Zünslers eine schmackhafte Proteinquelle für viele Vögel und andere Tiere sind. Doch um sich gegen feindliche Angriffe zu wappnen, reichern sie sich mit den Alkaloiden der Buchsbaumpflanzen an, basische Naturstoffe, sehr salzig – und die können einem schon den Appetit verderben.

In einigen Fällen lebt aber das erwachsene Tier länger als die Larve oder Raupe. Der Zitronenfalter *(Gonepteryx rhamni)* und die Königin einer Hummel-Gemeinschaft können sich auf (fast) ein ganzes Lebensjahr freuen, deren Raupen haben das Nachsehen und einen Lebenszyklus von nur einem Monat. Termitenköniginnen können übrigens sogar uralt werden, die ausgewachsenen Tiere erreichen ein Greisenalter von bis zu neunzig Jahren.

Je nach Insektenart, aber auch bedingt durch das Wetter und die Futterlage, werden eine oder mehrere Generationen im Jahr hervorgebracht. Die berühmt-berüchtigten Blattläuse sind mit mehreren Generationen dabei, meist sogar ungeschlechtlichen Generationen. Einige Schmetterlingsarten bilden zwei bis vier Generationen im Jahr, andere begnügen sich mit einer Generation, dazu gehören Tagfalterarten wie Apollo oder der Aurorafalter. Hummeln sind da ähnlich unterwegs, auch zwei europäische Libellenarten, die Winterlibellen.

Und natürlich brauchen Insekten Ruhephasen, in Mitteleuropa wird eine solche meist im Winter eingelegt. Um die kalten Monate zu überdauern, wurden im Laufe der Evolution Strategien entwickelt, die Schutz vor niedrigen Temperaturen bieten. Hummeln, die «Teddys der Lüfte», zieht es in der Kälte in den Boden. Höhlen, Gänge oder Mauselöcher werden gesucht, um in frostfreie Tiefen zu gelangen. Die Winterlibellen, die Teichjungfern, suchen sich Unterschlüpfe in der Vegetation, also entfernt von Gewässern, andere Insekten spinnen sich in einen Kokon ein, suchen sich Gebäude oder wie der Holzbock Holzstämme.

Gibt es kein Puppenstadium, verwandelt sich die Larve direkt zum adulten Tier, die Metamorphose ist in diesen Fällen eine unvollständige. Erwachsene Insekten werden auch Imago genannt, die Larvenstadien bestimmter Insektenordnungen nennt man Nymphe. (Manchmal muss ein bisschen Terminologie sein.) Oft finden wir auf den Blättern stark befallener Zierpflanzen die abgestreiften Chitinpanzer von Blattläusen.

Bei der unvollkommenen Verwandlung muss sich das Insekt beim Wachsen mehrmals häuten, gut zu beobachten ist das beim Großen Grünen Heupferd *(Tettigonia viridissima)* – mit seinen 2 bis 4 Zentimetern Länge und den langen rotbraunen Fühlern ist

Ein etwas anderes Pferd in unserem Garten: das Heupferd

es auch nicht zu übersehen, ein Riese geradezu. Die Flügel sind über dem Rücken zusammengelegt, sie überragen den Hinterleib. Beim Weibchen, das man am Legestachel erkennen kann (mit ihm werden die Eier in die Erde gebohrt), ist der Hinterleib schwertförmig grün, am Ende bräunlich und leicht gebogen.

Das Heupferd auf dem Foto habe ich im Sommer in unserem Garten entdeckt, am Mais hatte es Gefallen gefunden. Ansonsten nimmt es auch gern ein Sonnenbad auf einer Zucchinipflanze, perfekt getarnt im Grün. Die Heuschrecke ist ein Gemischtköstler, sie frisst überwiegend kleinere Insekten, aber ebenso gern krautige Pflanzen, und legt bis zu 250 Eier in die Erde, wo sie manchmal auch überwintern. Anfang Mai schlüpfen die Larven, die wie Miniaturausgaben ihrer Eltern ausschauen, nur zarter und lichter grün. Sie ernähren sich wie die Erwachsenen und halten sich in deren Nähe auf. Die Larven durchleben insgesamt fünf bis sieben Stadien, bis sie es mit den Alttieren aufnehmen können.

Früher konnte man stundenlang den Konzerten der Heupferde an lauen Sommerabenden lauschen, sie wurden wegen ihres Gesangs sogar in manchen Ländern in Käfigen gehalten. Das schrille Zirpen soll, na klar, die Weibchen anlocken. Ich liebte diese Serenaden, diesen Liebesgesang mit eingebautem Waschbrett, obwohl ich zugeben muss, dass es auf Dauer auch nerven konnte. Erst wenn es kühler wurde, zogen sich die Sänger von ihren Gipfel- und Aussichtspunkten, etwa einem freistehenden Zweig, in die unteren Partien von Gebüschen zurück und verlegten sich aufs Schweigen. Kälte (unter 12 Grad Celsius) und Liebeswerben passen für sie nun einmal nicht zusammen.

Nun vermisst man ihre Gesänge, die intensive Landwirtschaft hat die Heupferde vertrieben, und wir sollten ihnen in unseren Gärten eine neue Heimstatt geben. Sie sind nämlich äußerst nützliche Räuber. Durch einen raschen Sprung haben sie ihre Beute am Kragen gepackt, ihre kräftigen Mundwerkzeuge können ordentlich zwacken. Sie haben sogar einen Hang zum Kannibalismus und schrecken nicht davor zurück, Artgenossen zu jagen und fressen, wenn sie schwach oder verletzt sind. Landwirte halten sie oft für Schädlinge, was sie aber nicht sind. Obwohl ihre Larven gerne mal weiche Pflanzenteile futtern, aber sie haben eine – Achtung! – noch größere Vorliebe für Blattläuse.

KRABBLER UND FLIEGER UND
DIE SCHÖNEN KÜNSTE

Wegen ihres zirpenden Gesangs war die Heuschrecke im antiken Griechenland ein dem Gott Apollo geweihtes Tier, und Apollo war der Gott der Künste und der Musik. Aber nicht nur Heuschrecken fallen tonal auf, auch viele andere Insekten sind nicht stumm, ihre Musikinstrumente sitzen direkt am Körper, sind ihr Körper. Wenn ich im Garten sitze, kann ich ihre verschiedenen Laute hören. Die Fluggeräusche von großen Käferarten, die wie Hubschrauber vorbeifliegen. Mücken schwirren um mich herum, Fliegen, die einem mit ihrem Brummen und ihren Anflugattacken gehörig auf den Geist gehen können. Grillen lassen ihre Hinterflügel an den Deckflügeln vibrieren, so können sie ihre zirpenden Geräusche verbreiten. In südlichen Regionen ist das Lärmen der Zikaden bestimmend; sie haben ein Trommelorgan, das aus Chitin besteht und schnell in zwei Richtungen gedellt werden kann. Bei einigen Insektenarten können nur die Männchen Geräusche machen, in der Tierwelt ist es mit der Gleichberechtigung nicht immer sehr weit her. Andere klingen wie Zähneknirschen, erzeugen Klicklaute wie bei einem Spielzeugfrosch aus Blech.

Das Summen, Trommeln, Zirpen, Schnarren, Sirren, Flöten und Pfeifen in schneller oder langsamer Abfolge, in großer Eintönigkeit mit Einheitslauten oder mit abwechslungsreichen rhythmischen Varianten ist nicht l'art pour l'art, nicht Kunst um der Kunst willen, sondern dient mehreren Zwecken. Da werden, wie schon erwähnt, für die Partnersuche Weibchen bezirzt (ein guter Musiker hat eben Glück bei den Frauen, das ist eine bekannte Tatsache), es werden aber ebenso soziale Bindungen mit Lauten gefestigt, Reviere abgegrenzt (aggressive Scheuchlaute: «Weg mit dir, hier regiere ich!»), Rivalen in die Flucht geschlagen, auch zur

Ortung von Beute werden Laute gebraucht oder um unbeschadet durch die Dunkelheit sausen zu können (besonders bei nachtaktiven Insekten, ähnlich wie bei Fledermäusen, die mit den Ohren sehen). Geräusche werden also zur Verständigung, zur Kommunikation und zur Kartierung eingesetzt. Jeder Laut ist eine unverwechselbare Visitenkarte. So räumt man gleich Missverständnisse aus dem Weg und gibt falschen Verehrern oder Feinden deutlich zu verstehen, was Sache ist.

Doch an den Köpfen dieser «lautstarken» Insekten sucht man die Ohren vergeblich: Zikaden tragen ihre Hörorgane beispielsweise am Hinterleib und Grillen an den Vorderbeinen. «Es gibt eine enorme Bandbreite, wo sich die Hörorgane bei den verschiedenen Insektenarten befinden», weiß der Biologe Bernhard Ronacher von der Berliner Humboldt-Universität zu berichten. «Gottesanbeterinnen besitzen beispielsweise ein Ohr mitten auf dem Bauch, und Mücken hören über ihre Antennen.»

DUFTGEFLÜSTER

Insekten kommunizieren aber auch lautlos, über chemische Signale. Ich sitze mit meiner Familie im Garten, weit und breit sind keine Wespen in Sicht. Aber kaum bringt jemand etwas zu essen, und ich beiße in mein Marmeladenbrot oder ein schönes Stück Zuckerkuchen, sind sie wie aus heiterem Himmel da, die Fliegen und die Wespen. Die Fliegen kann man noch als lästig abtun, aber wenn die Wespen kommen, ist der Familienfrieden vorbei. Alle laufen vom Tisch weg, rennen durcheinander, ein Kreischen ist zu hören, bis hin zum Weinen ist alles drin.

Obwohl Insekten einen völlig anderen Körperbau als Wirbeltiere haben, funktioniert ihre Geruchswahrnehmung nach einem ähnlichen «technischen» Prinzip. Auch wenn sie keine Nase

Wespen und Fliegen scheinbar friedlich auf unseren Hortensien

haben, so haben sie Antennen (Fühler) als Riechorgane, und das Duften selbst passiert über die Sinneshaare auf den Antennen, die mit Tausenden von geruchsempfindlichen Zellen ausgestattet sind. Die harte Schutzschicht aus Chitin, die das Insekt überzieht, ist über den Riechzellen porös, sodass die Gerüche durchdringen können. Und damit sich manche Insekten nicht den Magen verderben, sind ihre Riechzellen auf bestimmte Futterpflanzen eingestellt. Heuschrecken reagieren auf Gras, Wespen auf Süßes, Rüsselkäfer auf Nadelbäume, Lilienhähnchen (eine Blattkäferart) auf Liliengewächse. Jeder kennt das aus der eigenen Familie, der eine mag Hühnchen, für den anderen ist das eine völlig unakzeptable Geschmacksrichtung, da kommen nur Sojabratlinge infrage.

Die Kommunikation über Gerüche ist aber nicht einseitig, denn Blütenpflanzen haben ihren Duft auch auf Insekten abgestimmt, von denen sie sich bestäuben lassen wollen. Nichts soll dem Zufall überlassen werden. Manche setzen dabei auf Düfte, die wir als angenehm empfinden, andere sind eine Symbiose über einen betäubenden Aasgestank eingegangen. Die Abstimmung geht aber noch tiefer, durch die Kopie der chemischen Kommunikation der Insekten können sie sich auch vor Fressfeinden schützen. Koevolution nennt man das: Lockte die Pflanze mit der Ausbildung eines Moleküls mehr Bestäuber an und weniger Fressfeinde, Pilze oder Krankheitserreger, wurde dieses im Laufe der Generationen stärker ausgebildet.

Manchmal kann man sich als Gärtner diese Duftsymbiose zunutze machen und Insekten durch Gerüche in die Irre führen, denn über einen bestimmten Duft-Talk wird auch die spannende Angelegenheit der Fortpflanzung geregelt. So sehe ich Schmetterlinge, die durch meinen Garten flattern, anscheinend unkontrolliert, doch der Schein trügt. Wenn sie einen vielversprechenden Geruch in der «Nase» haben, in ihren Fühlern, wird ihr Ziel konsequent angeflogen, flatter hin, flatter her. Ihr Ziel kann eine bestimmte Blume sein, aber Schmetterlingsfalter wollen auch Hochzeit feiern, und das geht nicht ohne den Geruchssinn. Paarungsbereite Weibchen produzieren Pheromone, chemische Bo-

Die Gallische Feldwespe ist ausgesprochen friedfertig. Wer seinen Garten naturnah gestaltet, unterstützt damit auch die Wespen, denn nur so finden sie ausreichend Futter.

tenstoffe mit starkem Signalcharakter, und lassen diese in die Luft ausströmen. Damit werden Männchen aus weiter Ferne angelockt. Das Weibchen verharrt irgendwann seelenruhig, bis seine Pheromone Wirkung zeigen, das kann manchmal etwas dauern, wenn der Betörte einen Weg von einigen Kilometern zurücklegen muss. Die Schmetterlingsdame ist aber geduldig, sie kann warten. Denn sie ist sich sicher, dass sie erhört wird. Und er, derjenige, der verführt werden soll, weiß: Je höher die Pheromonkonzentration, umso näher ist das Weibchen. Juhu!

Manchmal hat man sich zu früh gefreut. Pustekuchen, kein Weibchen. Das Wissen um diese sexuelle Gier wird nämlich erfolgreich eingesetzt bei Obstbäumen – durch eine Kopie der Pheromone werden die Männchen in Fallen gelockt, und die Weibchen warten vergebens auf Herrenbesuch. Jeder, der gern gärtnert, kann sich dieses chemische Potenzial zunutze machen. In Gartenfachmärkten können Pheromonfallen gekauft werden, etwa für den Apfel- oder auch den Pflaumenwickler. Mein Tipp: Die Fallen nicht direkt in die Bäume hängen, sondern in einer Distanz von zwei, drei Metern. So wird die Wahrscheinlichkeit der Maden in den Früchten reduziert.

IM INTERESSE UNSERER OBSTBÄUME

Obstbäume sind bei uns wieder in Mode gekommen, das war schon einmal so im vergangenen Jahrhundert, da beschäftigten sich Pfarrer, Lehrer und Ärzte nicht nur mit Menschen, sondern auch mit Äpfeln und Birnen, sie sahen in ihnen zentrale Bausteine des Ökosystems, beeindruckende Lebewesen unseres Planeten, eine reichhaltige Nahrungsquelle für Mensch und Tier, auch wenn sie dies nicht in diesen Worten formulierten. Die Dörfer waren von Obstwiesen umgeben. Obstbäume bedeuteten ein Stück Heimat und begleiteten den Menschen durchs Leben. Auch heute noch lassen uns Obstbäume den Rhythmus der Jahreszeiten erleben. Unter den Bäumen, die ich in unserem Garten gepflanzt habe, werden dereinst hoffentlich meine Enkelkinder spielen, werden sich an den Blüten erfreuen und die leckeren Vitamine naschen, wenn die Früchte reif sind.

Auf vielen Gartenveranstaltungen werde ich von Obstbaumbesitzern gefragt, ob ich ihre Äpfel nicht bestimmen könne. Oft ist es aber so, dass drei Obstbaumexperten denselben Apfel einer unterschiedlichen Sorte zuordnen. Das zeigt, wie schwierig es ist, die Sorten richtig zu klassifizieren. Einfach ist es auch nicht, wenn es um Fragen geht, die zum richtigen Umgang mit Obstbäumen beitragen sollen. Wichtig ist vor allem, überhaupt wieder Obstbäume zu pflanzen, Streuobstwiesen anzulegen, die in den siebziger Jahren mit EU-Mitteln abgeholzt wurden.

Martin Luther wird der Spruch zugeschrieben: «Wenn ich wüsste, dass morgen die Welt unterginge, würde ich heute noch ein Apfelbäumchen pflanzen.» Bibelforscher sind sich allerdings einig, dass die Aussage nichts mit Luther zu tun hat, allein deshalb, weil dieser sich niemals vor einem Weltuntergang gefürchtet hätte. Der erste belegbare Nachweis des Spruches stammt vom Oktober 1944 aus einem Rundbrief der Bekennenden Kirche in Hessen. Pfarrer Karl Lotz aus Hersfeld setzte das Zitat bei seinen Lesern damals bereits als bekannt voraus. Am Ende des Krieges konnte der Spruch zünden. Das Land lag in Trümmern, und die Leute sahen ihre vertraute Welt untergehen. Danach wurde der Spruch von den verschiedensten Leuten in den Mund genommen, immer in dem Wunsch, Trost zu spenden.

Vielleicht werde ich deshalb bei meinen Hausbesuchen immer wieder zu den Apfelbäumen gerufen – kein anderer Obstbaum erzeugt so viele Emotionen. Vielfach trägt der Apfelbaum seit Jahren nicht, und die Besitzer fürchten, ihn roden zu müssen. Ich will dann erst einmal wissen, wie alt der Baum ist, denn manchmal dauert es ein wenig, bis ein Obstbaum Früchte trägt. Wenn man das weiß, ist man schon ein Stückchen weiter. Die Fruchtbildung bei Obstbäumen beginnt oft erst nach Jahren:

- Apfel (Spindelbusch): 3 Jahre
- Apfel (Busch): 4 bis 6 Jahre
- Apfel (Halb- und Hochstamm): 7 bis 10 Jahre
- Birne (Spindelbusch): 4 bis 6 Jahre
- Birne (Halb- und Hochstamm): 8 bis 12 Jahre
- Kirsche (Busch): 4 bis 6 Jahre
- Kirsche (Halb- und Hochstamm): 8 bis 12 Jahre
- Pflaume (Busch): 6 bis 8 Jahre
- Pflaume (Halb- und Hochstamm): 6 bis 8 Jahre
- Pfirsich: 3 bis 4 Jahre
- Aprikose: 5 bis 7 Jahre
- Quitte: 4 bis 6 Jahre
- Walnuss (aus Sämling): 12 bis 15 Jahre
- Walnuss (veredelt): 7 bis 10 Jahre
- Haselnuss: 5 Jahre

Häufig wachsen die ersten Früchte je nach Sorte etwas früher oder später; auch durch Schnittmaßnahmen kann man die Fruchtbildung günstig beeinflussen. Beerenobst dagegen trägt seine Früchte viel schneller. Am schnellsten sind Erdbeeren und Himbeeren, gefolgt von Johannisbeeren, Stachelbeeren und Brombeeren.

Obstbäume werden nicht nur in verschiedenen Arten und Sorten angeboten, sie sind auch auf verschiedenen Unterlagen, verschiedenen Stammhöhen veredelt. Der Spindelbusch ist der perfekte kleine Baum für den Minigarten oder den Kübel. Er hat nur eine Stammhöhe von 40 bis 60 Zentimetern. Er wird immer klein bleiben, da er auf eine besonders schwach wachsende Unterlage veredelt worden ist. Natürlich trägt er wesentlich weniger Früchte als ein Normalbaum, nicht mehr als um die 20 bis 30 Kilogramm. Aber deren Qualität ist ausgezeichnet. Allerdings brauchen die Bäume zeitlebens eine

Stützhilfe, weil sie ein wenig ausgeprägtes Wurzelwerk haben. Bestenfalls können sie 25 Jahre alt werden.

Beim Halbstamm beträgt die Stammhöhe 1 bis 1,20 Meter, beim Hochstamm 1,60 bis 1,80 Meter, in Ausnahmen auch bis 2 Meter. Der Hochstamm hat den Vorteil, dass wir uns unter dem Baum ohne Mühe bewegen können, die Wiesen darunter können leicht gemäht werden.

Apfelbäume brauchen aber einen passenden Schnitt. Da gibt es viele Ratschläge, ich will Ihnen zeigen, wie ich dabei vorgehe. Doch erst einmal Grundsätzliches: Bäume, die jahrelang verkehrt geschnitten wurden, kann auch der beste Fachmann nicht in einem Jahr wieder zurechtstutzen. Der Obstbaumschnitt ist wie ein Dauerauftrag, der pünktlich jedes Jahr durchgeführt werden muss. Deshalb: Entweder Sie schneiden den Obstbaum, oder aber sie verzichten darauf. Ein falscher Schnitt richtet mehr Schaden an als kein Schnitt. So folgt nach einem starken Rückschnitt ein starker Austrieb, denn ein Apfelbaum ist eine Pflanze, die einen bestimmten Aufbau hat und nach jeder Aktion eine Reaktion zeigt.

Am untersten Ende, also im Boden, befindet sich die Wurzel, das Gehirn des Baumes (gut, darüber kann man streiten, aber für mich haben Pflanzen Gehirne). Die Wurzel, auch Unterlage genannt, kann schwach bis stark wachsend sein, sie ist ausschlaggebend für den Baumwuchs. Und ein Baum auf einer stark wachsenden Unterlage kann nicht durch Schnittmaßnahmen gebändigt werden. Über der Veredlungsstelle folgt der Stamm, von ihm gehen die Leitäste aus – es sollten nicht mehr als drei sein. Sie sind das Hauptgerüst und lassen in dieser Anzahl eine gute Belichtung zu. Von den Leitästen gehen die Fruchtäste ab, die flach abwärtszeigen und für die Erträge sorgen.

Am Apfelbaum kann man deutlich den einjährigen Trieb

mit den Blattknospen, die dicht am Trieb anliegen, vom zwei- und dreijährigen Holz mit den prallen Blütenknospen unterscheiden.

So, und was muss nun weg?

Keineswegs sollte stark zurückgeschnitten werden. Da haben Sie es dann hinterher massiv mit Wassertrieben zu tun, mit senkrecht nach oben wachsenden und ziemlich weichen Trieben. Sie wachsen zumeist im Inneren der Krone aus einer Knospe, die als narbenartige Verdickung am Ast erkennbar ist. Die Triebe können, wenn sie nicht entfernt werden, eine enorme Länge von mehr als einem Meter erreichen. Stattdessen ist die Bildung von Fruchtholz zu fördern. Das erreicht man, wenn man alles, was nach innen wächst, totes Holz und zu dichte Kronen, einfach nur auslichtet. So bekommt man in den nächsten Jahren einen schönen Aufbau mit lichter Krone und den drei Leitästen.

Zum Glück verzeiht uns der Apfelbaum fast alle Fehler und zeigt uns im nächsten Jahr, was wir falsch gemacht haben. Wenn wir darauf achten, dass die Stammverlängerung immer der höchste Punkt bleibt und der Baum eine ansehnliche Form behält, haben wir schon eine Menge richtig gemacht.

Obstbäume gehören zum Ortsbild wie die Dorfkneipe oder die Kirche. Ohne sie wäre unsere Landschaft ein ganzes Stückchen ärmer. Leider mussten in den letzten Jahrzehnten viele Obstalleen weichen, da die Straßen immer breiter wurden (und unansehnlicher). Doch in einigen Gegenden hat man wieder begonnen, Obstbäume an den Straßen zu pflanzen. Das sollten wir in unseren Gärten nachmachen.

Auch bei den manchmal in Haus und Garten so verhassten Ameisen geht ohne Duft gar nichts. Sie stellen sicherlich mit ihrer Staatenbildung einen Höhepunkt in der Insektenentwicklung dar, zusammen mit den Bienen, Hummeln und Wespen. Sie haben sicher schon beobachtet, wie es auf den Ameisenstra-

Ameisen starten zur Hochzeit. Es sind die geschlechtsreifen Männchen und Weibchen, sie wollen einen neuen Staat gründen.

Ein Ameisen-Männchen ist zum Abflug bereit. Königinnen besitzen abgeknickte Fühler, bei den Männchen sind die Fühler nur leicht gebogen oder komplett gerade.

ßen zugeht, ein reges Treiben, aber immer schön in Reihe marschiert. Kein Weg ist zu weit oder zu mühsam, wenn die Späher Nahrungsquellen ausgemacht haben. Mit Duftspuren werden die Pfade vom Nest zum Objekt des Begehrens markiert, und so finden alle zur Nahrung und – ganz wichtig – auch wieder zurück zum Ameisenstaat. Mit den Duftbotschaften weiß jeder der Millionen von Einwohnern, was er zu tun hat, ganz ohne Internet, ganz ohne Handy. Selbst die Verteidigung der Ameisenstaaten wird durch Duftsignale geregelt. Alle werden so stets auf dem Laufenden gehalten. Wie funktioniert das? Wie können so komplexe und unterschiedliche Botschaften wie eine Nahrungsquelle oder ein feindlicher Angriff einzig durch Geruch vermittelt werden?

Ameisen haben an ihrem Körper mehr als zehn Duftdrüsen, mit ihnen produzieren sie je nach Mischung diese oder jene chemischen Signalstoffe. So wie wir uns mit Sprache verständigen und je nach Botschaft einzelne Wörter zusammenfügen, dazu noch gestikulieren und entsprechende Mienen aufsetzen, gelingt ihnen dies einzig und allein mit einem ausgeklügelten Duftstoffsystem. Hier können wir Menschen, wenn wir die Duftspur unterbrechen, die Ameisen verwirren und sie vom Weg abbringen.

MAI

· · · · · ·

WACHSEN, ALS GÄBE ES KEIN MORGEN

Der Mai ist einfach toll, für mich eine der schönsten Jahreszeiten, weil die Obstbäume blühen. Bene hat den Rasen wieder einmal gemäht, immer noch mit großem Enthusiasmus. Das angefallene Schnittgut nutze ich als Mulchmaterial für ein neu angelegtes Rosenbeet.

Bald ist auch der erste Erdbeerkuchen in Reichweite! Wie bei vielen Pflanzen entscheidet die Blütenbildung über die Menge der Erdbeeren, die man erntet. Im Mai ist die Hauptblüte der Erdbeerpflanzen, und es gilt: aufpassen, dass nicht Spätfröste den Erträgen noch einen Strich durch die Rechnung machen. Damit der in diesem Monat schon erwärmte Boden bei Frostgefahr seine Wärme abgeben kann, sollte er immer leicht aufgelockert sein. Nur so kann die aus ihm strömende Wärme die empfindlichen Blüten schützen. In besonders klaren Nächten ist die Gefahr, dass die Blüten erfrieren, am größten. Weil es in diesem Mai sehr trocken ist, müssen die jungen Pflänzchen gewässert werden. Mit der Hacke lockere ich die Beete, um die Wasserverdunstung zu minimieren.

Die Nachtfröste werden oft auch als Eisheilige beschrieben. Sie gehen auf jahrhundertelange Wetterbeobachtungen und Erfahrungen von Bauern zurück: Es sind Tage zwischen dem 11. und 15. Mai, regional etwas unterschiedlich. Meteorologisch kann man es auch so betrachten: Ab Anfang Mai sind die Temperaturen bei uns ja schon recht hoch. Da sich das Meer jedoch langsamer erwärmt als der europäische Kontinent, kommt es zu Temperaturdifferenzen zwischen Festland und Ozean: Es entstehen Tiefdruckgebiete. Die Luftmassen verschieben sich, und die warmen Luftströmungen des Festlands ziehen nach Norden. Dadurch werden eiskalte Luftströmungen aus den Polargebieten auf das Festland gedrückt. Sind die Nächte sternenklar, kann es zu jenen gefürchteten Nachtfrösten kommen.

Aber gibt es die Eisheiligen überhaupt noch in dieser Form? Statistisch gesehen, besteht die Frostgefahr im Mai sogar noch vom 21. bis zum 23. Mai. Doch häufig werden in Gartencentern schon vorher einjährige Sommerblumen verkauft, die so gar nicht mit Frost zurechtkommen.

Weil der Mai im Jahr 2019 in unserem Garten recht zahm ausfällt, hole ich unsere Kübelpflanzen aus ihrem Winterquartier in Kissenbrück. Dort habe ich ein Gewächshaus, mein Pflanzenkrankenhaus, wo jeder seine Pflanzen hinbringen kann. Ich begutachte sie und päppele sie bei Bedarf, etwa in Krankheitsfällen, auch wieder auf. Das Gewächshaus ist für mich ein idealer Ort,

um Kübelpflanzen gut durch den Winter zu bringen, bis sie wieder zurück in den heimischen Garten können. (Für Ortsunkundige: Kissenbrück liegt nur wenige Autominuten von Börßum entfernt; sie haben also keine lange Reise vor sich.)

Wachsen im Mai alle Pflanzen, als gäbe es kein Morgen mehr, so gilt das auch für die ungewollten Schmarotzer. Da muss man aufpassen, dass sie einem nicht über den Kopf wachsen. Auch den wilden Trieben an meinen Rosen geht's an den Kragen. Das geht natürlich nicht ohne Handschuhe. Ich entferne die Erde am Rosenstock so, dass die wilden Triebe bis zum Ansatz frei liegen. Dann, mit einer leichten Drehung und einem Zug nach unten, reiße ich den Trieb vom Wurzelstock ab. So bin ich mir sicher, dass kein neuer Austrieb erfolgen kann, weil kein Auge zurückbleibt.

Ende Mai geht's los mit der Stachelbeerernte. Wir pflücken nicht alle Beeren, etwa 20 Prozent lassen wir am Strauch hängen. Probieren Sie das auch mal aus: Die restlichen Beeren entwickeln sich hervorragend und schmecken um ein Vielfaches besser.

Meine Apfelbäume, die ich im letzten Jahr gepflanzt habe, tragen erste Fruchtansätze, aber zum großen Schrecken meiner Frau habe ich alle Fruchtansätze entfernt. Da die Bäume bislang nur wenig Blattmasse haben, sollen sie ihre Kraft in die Entwicklung stecken. Ernten können wir noch früh genug.

VÖGEL IM VERTILGUNGSEINSATZ

Ich genieße die warmen Strahlen der Maisonne, die zwitschernden Vögel, aber leider wird der Frühling so schnell, wie er gekommen ist, auch wieder vorbei sein. Jedes Jahr dasselbe. Auf einmal flattern die ersten jungen Spatzen tollpatschig durch den Garten, und die Eltern der Brut fliegen gezielt in unseren Hühnerstall

Spatzen pfeifen es von unserer Regenrinne – hier sind sie sicher vor
den Katzen.

und stehlen den Großgefiederten die Körner. Mögen die Hühner
das nicht so toll finden, ich habe nichts dagegen. Ich freue mich
über das rege Treiben.

Vögel – wie wichtig sind sie für unser Leben? Die Artenvielfalt unserer Vögel ist stark geschrumpft, denn die Flattergeister
benötigen erstaunliche Mengen an Insekten, im Durchschnitt
vertilgen sie etwa hundert Stück pro Tag, aufs Jahr gerechnet
sind das weltweit 400 bis 500 Millionen Tonnen. Im Gegensatz
zu ihrer eigenen Biomasse, also ihrem eigenen Körpergewicht,

ist das erstaunlich, denn diese beträgt im Vergleich nur drei Millionen Tonnen. Ihr immenser Energiebedarf ist einmal von Forschern ausgerechnet worden, er ist so hoch wie der einer Stadt in der Größe von New York. Kein Wunder, dass manche Jungvögel täglich eine Insektenmenge fressen, die ihrem eigenen Körpergewicht entspricht. Und: Der größte Teil der Insekten wird in den Wäldern erbeutet, aber wenn die Wälder immer mehr abnehmen, reduzieren sich auch Insekten und Vögel. Oder die Schädlinge, welche die Vögel sonst für ihre Brut im Auge gehabt hätten, nehmen rapide zu – blätterfressende Raupen etwa oder landwirtschaftliche Plagegeister wie Wickler. Die Menschen, die manchmal sehr einfallsreich sein können, helfen aber auch nicht immer, wenn sie mit Vogelfutter locken – das ökologische Gleichgewicht wird damit nicht repariert. Und so wird es nicht nur im Wald, sondern auch auf blütenarmen Wiesen still. Der Frühling summt nur noch leise.

Vögel gehören zu den Lebewesen, die umfassend erforscht wurden. Zu Vogelbeständen liegen im Vergleich zu denen von Insektenpopulationen umfassende Datenmengen vor, die über Jahrzehnte hinweg erhoben wurden. Die Vogelwelt eignet sich somit hervorragend, um Anzeichen auszumachen, wohin sich unsere Natur entwickelt. Alle sechs Jahre berichtet die Bundesregierung über die Lage sämtlicher Vogelarten. Jeder hat die Möglichkeit, sich die Daten anzuschauen, um eine Antwort auf die Frage zu finden, ob es ein Vogelsterben gibt. Man erfährt so, dass die Bestände geschützter Arten zunehmen. Das ist beim Seeadler, beim Eisvogel oder bei Kranichen der Fall. Für sie, die Gewinner, wurden Naturschutzgebiete eingerichtet. Vogelarten, die einst in großer Zahl und flächendeckend auf dem Land vorkamen, sind dagegen die großen Verlierer. Eine stark abnehmende Bestandsentwicklung gibt es beim Kiebitz, er vermisst die Feuchtwiesen, auch der Bestand an Feldlerchen, Staren oder Haussperlingen schrumpft von Jahr zu Jahr, weil artenreiche Wiesen in Maisäcker umgewandelt werden. Besonders schwer haben es also Singvögel, die in unseren landwirtschaftlich genutzten Flächen brüten und sich hauptsächlich von Insekten ernähren. Anfangs wurde viel spekuliert, um den Schuldigen zu finden. Wer war verantwortlich für das Vogelsterben? Ursachen gibt es tatsächlich viele, so wuchs durch Schutzmaßnahmen auch der Bestand an Raubvögeln, die sich gern die Jungtiere von Singvögeln als Opfer aussuchen. Die Energiewende wurde ebenfalls als Ursache herangezogen, die Windenergie, denn Windräder würden die Vögel töten; der Verkehr, die Jagd ... All das wurde als Bedrohung für Vögel diskutiert, es wurden sogar Fake-Meldungen verbreitet, um abzulenken und nicht über die wirkliche Gefahr zu debattieren: dass erwachsene Vögel ihren Nachwuchs nicht mehr großziehen können, weil es an geeigneten Lebensräumen und ausreichender Nahrung fehlt. Viele der Singvögel füttern ihre Jungen mit Insekten, auch wenn die Erwachsenen, wie zum Beispiel der Sperling, auf vegetarische Kost stehen. Sterben die Insekten, sterben auch die Insektenfresser. Und dann wird es still in unseren Landschaften.

EINE BUNTE WIESE FÜR ARTENVIELFALT

Ich denke – ich komme einfach nicht von ihnen los – an die Bienen und andere Insekten und komme zu dem Entschluss, in diesem Jahr noch schnell eine artenreiche Wildwiese anzulegen, bevor der Hochsommer da ist. Im Mai ist es fast schon zu spät, aber eigentlich ist es nie zu spät, noch etwas für die Insekten zu tun. Und dass ich immer ein bisschen spät dran bin, das kenne ich schon von mir. Aber ich weiß auch, dass eine Blumenwiese sich nicht daran stören wird, sie wird schon noch ordentlich blühen und gedeihen.

Am hinteren Gartenende befindet sich eine freie Fläche von acht mal sechs Metern, zwei kleine Apfelbäume stehen auf ihr und liefern sich täglich eine Schlacht mit den Wühlmäusen. Sie werden es aber sicher schaffen, die Oberhand zu behalten, also die Apfelbäume. Diese Fläche soll nun eine Wildblumenwiese werden, ein Hingucker und ein ökologischer Schutzraum für viele Insekten. Wer nicht so viel Platz zur Verfügung hat, kann auch kleine Wildblumeninseln auf dem Rasen oder dem Balkon anlegen.

Als Erstes überlege ich, ob ich selbst meine Saat zusammenstelle oder eine fertige Mischung erwerbe. Da ich gerade wenig Zeit habe, greife ich zu fertigem Saatgut heimischer Blumen. Im Handel oder in Gartencentern ist die Auswahl an Saatmischungen groß, da wird die einjährige Blütenpracht fürs Auge angeboten, Blumenmischungen mit reichlich Nektar extra für Schmetterlinge. Oder für Wildbienen. Oder für Hummeln. Diese Differenzierungen finde ich aber wenig geeignet, ich möchte, dass sich alle Insekten auf der Wiese willkommen fühlen. Deshalb sollten auch Futterpflanzen für eher schwächere Insekten dabei sein. Zugleich achte ich darauf, dass die Mischung auch Saat von Pflanzen beinhaltet, die noch im späten Herbst blühen.

Der nächste Schritt: die zukünftige Fläche anständig fräsen, dann harken, walzen, erneut kurz harken und anschließend die Saat verteilen. Ich nehme lieber zu viel als zu wenig Saatgut, denn Wildblumen haben im Vergleich zu Kulturpflanzen eine recht niedrige Keimquote. Die Samen dürfen nicht mit Erde bedeckt werden, da die meisten Wiesenblumen zu den Lichtkeimern zählen. Das Saatgut muss ich also nur leicht mit meiner Rasenwalze andrücken. Wasser gibt es nicht, ich warte auf Regen.

Wollen Sie eine Wildblumeninsel auf einem Rasen zaubern, sollten Sie bedenken, dass Gras äußerst durchsetzungsstark ist und es die empfindlicheren Wildpflanzen durch sein schnelles

Unsere bunte Wiese

Die Sonnenblumen dürfen als Energielieferanten und Speise für den Nachwuchs nicht fehlen.

Wachstum immer wieder verdrängen kann. Zur Aussaat sollten Sie den Rasen ganz kurz mähen und die obere Bodenschicht mit dem Vertikutierer gut durcharbeiten. Die oberste Grasnarbe wird durch das Vertikutieren ausgelichtet, und die dadurch entstandenen Lücken können mit der Wildblumensaat aufgefüllt werden. Auf den Rasendünger sollte von nun an verzichtet werden, denn nur auf nährstoffarmen Böden fühlen sich die meisten Wildkräuter wohl. Und der düngerliebende Rasen kann so nicht über seine neuen Mitbürger und Mitbürgerinnen triumphieren. Dann die Fläche schön flach rechen und harken.

Nun bin ich gespannt, welche Blumen wachsen werden und welche nicht. Ich hoffe, die Auswahl ist groß. Damit ich das nicht vergesse, nehme ich mir vor, die Wiese in den nächsten Monaten genau zu begutachten und mir alle Arten, die ich auf ihr entdecke, aufzuschreiben. Weiterhin will ich im Herbst die ersten ausgereiften Samen sammeln, die dann an den Stängeln hängen. So spare ich mir fürs nächste Jahr das Geld für eine neue Saat. Einige Pflanzen kommen zwar sicher wieder, andere sind jedoch nicht winterhart und müssen im nächsten Frühjahr von neuem ausgesät werden.

Beim Aufschreiben fiel mir auf, dass ich die größten Blumen fast vergessen hätte zu notieren. Manchmal sieht man den Baum vor lauter Wald nicht. Mit den größten Blumen meine ich die riesigen Sonnenblumen, sie hängen immer voll mit Bienen und Hummeln. Anfang Juni waren die ersten Blüten zu sehen. Bis heute hat sich das Fleckchen Garten zu einem wahren Insektenflughafen entwickelt. Dabei konnte ich beobachten, dass die Insekten selbst nicht wählerisch waren. Es war ein reger Wechsel an den Wiesenblumen zu sehen, rote Weichkäfer fanden sich ein, verschiedene Wildbienen, Honigbienen, Fliegen sowie der Himmelblaue Bläuling, ein Schmetterling, der in unserer Gegend eher selten vorkommt. Einige Insekten hatten einen langen Rüs-

Die Rotbeinige Wegwespe legt ihre Nester im Sand an und versorgt ihren Nachwuchs mit Spinnen, die sie vorher gefangen oder einer Kollegin gemopst hat.

sel und gelangten an fast alle Nektarquellen ran, nutzten aber auch offene und leicht zugängliche Gaststätten, wie es die Doldenblütler oder Korbblütler sind.

Tag für Tag konnte ich eine neue Pflanze auf meiner Liste hinzufügen:

- Rote Sommer-Adonisröschen (Hahnenfußgewächs)
- Weiß-gelbe Acker-Hundskamille (Korbblütler)
- Gelbe Färberkamille (Korbblütler)
- Weiße Graukresse (Kreuzblütler)
- Gelbe Acker-Ringelblume (Korbblütler)
- Blaue Rapunzel-Glockenblume (Glockenblumengewächs)
- Blaue Wiesen-Glockenblume (Glockenblumengewächs)
- Blaue Kornblume (Korbblütler)
- Blauvioletter Acker-Rittersporn (Hahnenfußgewächs)
- Weiße Wilde Möhre (Doldengewächs)
- Blauer Flachs (Leingewächs)
- Weiß-gelbe Geruchlose Kamille (Korbblütler)
- Weiß-gelbe Echte Kamille (Korbblütler)
- Roter Klatschmohn (Hahnenfußgewächs)
- Weißer Hederich; Acker-Rettich (Kreuzblütler)
- Rotes Nelken-Leimkraut (Nelkengewächs)
- Blassrosafarbenes Kuhkraut; Kuhnelke (Nelkengewächs)
- Dunkelrote Schwarznessel (Lippenblütler)
- Gelbe Saat-Wucherblume (Korbblütler)
- Blaue Gemeine Wegwarte (Korbblütler)
- Gelber Kleinköpfiger Pippau (Korbblütler)
- Blauer Gewöhnlicher Natternkopf (Raublattgewächs)
- Violette Moschus-Malve (Malvengewächs)

An sonnigen Tagen tummeln sich inzwischen allerhand Insekten in meinem Mai-Garten, ich habe das Gefühl, dass es jeden Tag mehr werden. Wenn man sie näher betrachtet, ist es eine sagenhaft bunte Vielfalt. Nicht nur die Schmetterlinge leuchten mit ihren prächtigen Farben, auch die allerkleinsten Insekten schimmern im Sonnenlicht. Sei es als Tarnfarbe oder auch zur Warnung: «Wer mich frisst, wird vergiftet!» Und wer mag sie nicht, die niedlichen kleinen Marienkäfer, zu Hunderten krabbeln sie

Darf in keinem Garten fehlen: der Klatschmohn. Früher war er zu Tausenden an Feldrändern zu sehen, jetzt hat ihn die intensive Landwirtschaft vom Acker verdrängt.

nun in unserem Garten herum. Aber kaum jemand weiß, dass diese hübschen Tiere ziemlich wehrhaft sind. Nehme ich die kleinen Käfer in die Hand, kann es sein, dass ich eine Ladung eines übelriechenden Sekrets abbekomme. Aus speziellen Poren scheiden sie das nicht nur eklig riechende, sondern auch widerlich schmeckende Sekret aus, das für Angreifer wie Vögel oder Ameisen tatsächlich giftig sein kann.

Die Farbe der Deckflügel verrät den Grad der Giftigkeit von Käfern. Die sehr bunten und extrem leuchtenden Arten sind

Ameisen und Marienkäfer sind nicht unbedingt Freunde.

besonders giftig, und das wissen auch die Angreifer, sie werden deshalb weniger attackiert. Der Siebenpunkt-Marienkäfer *(Cocci-nella septempunctata)* ist so populär wie nur noch der Maikäfer, man trifft ihn im Garten am häufigsten dort an, wo sich Blatt-läuse aufhalten. In den ersten Maitagen verlässt er sein Winter-quartier und macht sich auf die Suche nach Blattlauskolonien, Blattläuse sind seine Hauptnahrung, sie sind ihm am liebsten. Sofort fängt er auch an, sich zu paaren, und das kann schon mal mehrere Stunden dauern. Und da der Siebenpunkt-Marienkäfer kein Kostverächter ist, macht er, nein, nicht mit sieben, sondern noch mit bis zu zwanzig anderen Partnern Liebe.

Fortpflanzung nach Punkten: Der Zweipunkt-Marienkäfer hat sich hier ein mehrfach gepunktetes Weibchen ausgesucht, das zu den Asiatischen Marienkäfern gehört.

Da er häufig seine Partner wechselt und natürlich ohne Kondome seiner Lust nachgeht, werden – ähnlich wie beim Menschen – auch bei Marienkäfern Geschlechtskrankheiten übertragen. Weibchen können so unfruchtbar werden. Hat das Weibchen aber Glück gehabt, legt es bis zu 600 Eier in Gruppen in der Nähe einer Blattlauskolonie ab. Aus den Eiern schlüpfen nach einigen Tagen (deren genaue Anzahl ist witterungsabhängig) die Marienkäferlarven. Ihre Entwicklung kann bis zu zehn Wochen in Anspruch nehmen, und in dieser Zeit fressen die Larven bis zu

Die Siebenpunkt-Marienkäferlarve kurz vor dem Verpuppen mitten auf der Rosenknospe. Die Blattläuse sind alle verputzt.

800 Blattläuse. Das macht ihnen keiner so schnell nach. Auch werden gerne Mehltaupilze von Blättern gefressen. Zum Verpuppen kleben die Larven ihren Hinterleib an Blättern fest, und nach etwa sechs bis neun Tagen schlüpft aus der Puppe der fertige Marienkäfer. Noch hat er keine Punkte und ist sehr hell. Doch schon nach wenigen Stunden bekommt er dann seine richtige Farbe und die unübersehbar hübschen Punkte. Jetzt kann sein Käferleben beginnen.

Als ich das erste Mal in meinem Garten einen Ameisensackkäfer *(Clytra laeviuscula)* sah, dachte ich, hoppla, da haben wir ja einen merkwürdig länglichen Marienkäfer, noch dazu mit nur zwei schwarzen Flecken auf den Flügeldecken. War das eine Laune der Natur, eine Mutation, ein aus fernen Ländern eingeschleppter Geselle? Nachdem ich mich in Büchern schlau gemacht hatte,

Der Ameisenblattkäfer oder auch Ameisensackkäfer frisst ein wenig an unserer Weide. Macht nix, darf er, denn er verursacht keinen Schaden.

musste ich mein Urteil revidieren: Hier handelte es sich nicht um einen Marienkäfer, sondern um einen Ameisensackkäfer. Er führt nicht umsonst diesen Namen, denn der Käfer packt seine Eier in einen Sack aus Kot und legt ihn dann in der Nähe von Ameisen ab. Die Ameisen denken: O super, fette Beute, und schleppen den Fang ins Nest. Dort schlüpfen die Käferlarven und schnorren sich so lange bei ihren Gastgebern durch, bis sie als erwachsene Käfer den Ameisenbau wieder verlassen. Dabei werden manchmal nicht nur Nahrung und Abfälle der Ameisenbrut verspeist, sogar die Brut selbst muss ab und an dran glauben. Die Ameisen können gegen diese Fieslinge nichts unternehmen, denn sie sind in ihrer Kothülle vor ihnen geschützt. Manchmal ist es doch sehr faszinierend, was in der Insektenwelt so abgeht.

Aber ist der Ameisensackkäfer nun nützlich oder schädlich? Ob ein Käfer so oder so eingestuft wird, hängt ganz von der Betrachtungsweise ab. Und die des Menschen ist meist eine wirtschaftliche. Werden ganze Ernten vernichtet, ist dies ein Schaden. Betätigen sich Käfer in der Abwehr anderer Schädlinge wie Läuse oder Schnecken, gelten sie als nützlich. Doch ganz so einfach ist es nicht, denn oft legt der Mensch selbst die Grundlage für massenhafte Schäden.

Zu den Käfern, deren Nutzen direkt sichtbar ist, gehören beispielsweise Glühwürmchen und Feuerkäfer. Die Larven der Glühwürmchen ernähren sich gerne von Schnecken, sogar von Nacktschnecken, die andere Tiere ja links liegenlassen. Sie lähmen ihre Beute mit Gift, ziehen sie in ihr Versteck und vertilgen sie. So einer ist der Ameisenkäfer nicht. Aber wenn die Ameisen im Garten überhandnehmen, kann man auch nichts dagegen haben, wenn die Larven sich von der Ameisenbrut ernähren.

Auch sie hat sich in meinem Garten eingefunden, die wunderhübsch aussehende Gemeine Goldwespe *(Chrysis ignita)*. Für Menschen ist sie völlig harmlos (sie sticht nicht), aber dafür schmuggeln die Weibchen ihre Eier in die Nester von Hautflüglern wie Mauerbienen, Wildbienen oder Lehmwespen. So wie es eben Parasiten tun. Die Larve frisst zunächst das Ei oder die Larve des Wirts, danach verputzt sie die Nahrungsvorräte und verpuppt sich dann in dem Nest.

Der Gemeinen Goldwespe schmecken Pollen und Nektar von Korbblütlern hervorragend. Nur ihre Larven fressen Insekten.

107

Zuerst konnte ich die kleinen Schmarotzer an meinen Insekten-Nisthilfen beobachten, wo sie manche Löcher mit nahezu wissenschaftlicher Akribie untersuchten. Hatten sie ein passendes Nest gefunden, legten sie dort ihr Ei hinein. Sehr trickreich. Nun könnte man sagen, dass die Goldwespe ein Schädling ist, aber das sehe ich anders, ich würde sie nicht als Schädling verteufeln. Da sie auch andere schädliche Insekten frisst, macht es nicht so viel aus, wenn sie die eine oder andere Wildbiene auf dem Gewissen hat. Die Goldwespe gehört einfach zum ökologischen System. Ohne sie wäre die Artenvielfalt nicht gegeben – und die Insekten sind selbst in der Lage, sich zu behaupten und ihr Leben und Sterben zu regeln.

SCHMEISSFLIEGEN EINMAL ANDERS

Insekten sind die effizientesten Verwerter von Abgestorbenem, sie können das perfekt erledigen. Manche Kadaver sperren sich der Zersetzung und liegen stinkend auf dem Boden in unserem Garten herum, oft so klein, dass ich das gar nicht sehen kann. Da bin ich dann froh, wenn ich die metallisch grün glänzenden Schmeißfliegen entdecke. Sie zählen zu den wenigen Arten – in Deutschland gibt es davon fünfundvierzig, weltweit über tausend –, die über Kollagenasen, Enzyme, verfügen und damit Eiweißverbindungen spalten und abbauen können.

Schmeißfliegen sind nahezu überall in freier Natur und in menschlichen Siedlungen anzutreffen. In unserem Garten besuchen sie sowohl Blüten als auch organische Abfallstoffe, ebenso Fäkalien, Kadaver und Aas. Hier legen sie mit Vorliebe ihre stiftförmigen Eier ab, auch offenes, ungeschütztes Fleisch wird gern genommen. Die Larven fressen die organischen Abfallprodukte, also totes Gewebe, greifen jedoch lebendes Gewebe nicht an. Aus

Schmeiß- oder Goldfliegen sind als Bestäuber nicht zu unterschätzen.

dieser Beobachtung heraus hat man in Laboren Schmeißfliegen-Larven für die Medizin steril gezüchtet. Diese gezogenen Larven werden in der Wundtherapie eingesetzt, um nekrotisches Gewebe zu entfernen – eine Heilmethode, die wohl erst einmal Ekel beim Patienten hervorruft. Schließlich werden die Fliegenlarven mit schlechter Hygiene verbunden, nicht unbedingt mit wirkungsvoller Reinigung. Und die schillernden, lästigen und nicht zu übersehenden Fliegen mit den großen Augen und dem breiten Kopf haben wir häufig mit Fliegenklatschen, Fliegenspray oder Fliegenfänger auf Leimbasis getötet. Aber die Madentherapie ist uralt und war bis in die dreißiger Jahre auch bei uns in

Die Fleischfliege ist – zugegeben – ein dicker Brummer.

Deutschland gängig, bevor Antibiotika sie verdrängte. Setzt man die Larven an, direkt auf die Wunde, machen sie sich sofort an die Arbeit und beseitigen das kranke Gewebe. Sie geben ein stark desinfizierendes Sekret ab, genau dort, wo seine Wirkung benötigt wird. Gerade bei der Behandlung von chronischen, schlecht durchbluteten Wunden, wenn Antibiotika wegen der zunehmenden Resistenzen nicht mehr wirken, ist die Madentherapie eine Alternative.

Es gibt nicht nur Schmeißfliegen, es gibt zudem noch Fleischfliegen *(Sarcophagaidae)*. Auch sie habe ich in unserem Garten beobachtet. Die kräftig gebaute Graue Fleischfliege *(Sarcophaga canaria)* kann bis zu 1,5 Zentimeter groß werden, sie ist mattgrau bis bräunlich. Kopf und Brust zeichnen sich durch schwarze Längsstreifen aus, der Hinterleib hat schwarze Querstreifen und helle Flecken. Die Augen sind groß und ziegelrot oder braun. Die Fleischfliege ist lebendgebärend und setzt ihre Larven direkt an ungeschütztem Fleisch oder Aas ab. Diese graben sich dann schnell in ihr neues Zuhause ein, das sie mit ihren Enzymen zersetzen. Auch leben sie als Parasiten in Regenwürmern. Die Fliegen lieben es süß, sie saugen Honigtau und süße Säfte von

Mit ihren großen Augen entgeht der Raubfliege nichts.

Blumen und Bäumen. Faszinierend: Sie schmecken zunächst mit den Füßen das ab, was eine gute Mahlzeit verspricht. Erst dann, wenn sie sich dessen sicher sind, fangen sie zu saugen an.

Fliegen sind nicht nur nervig und wahre Plagegeister, sie übertragen auch nicht nur Krankheiten, sondern sie sind Superhelden beim Verwerten von unliebsamen Resten. Dazu gehören die Larven von Kleidermotten sowie Pelz- und Speckkäfer, sie können mit ihren Enzymen die Proteine von Haut, Haaren, Federn, Nägeln, Krallen und Pelz zersetzen, Hauptsache, organisch. Sie sind also nicht nur gefräßige Schädlinge – unser üblicher Blickwinkel auf diese Insekten –, sondern saugen wie etwa der ausgewachsene Speckkäfer an Blüten, eine ganz harmlose Angelegenheit, und beseitigen Vogelnester und Tierkadaver restlos.

Wir vergessen leicht: Die Insekten können ohne Menschen leben, nicht aber der Mensch ohne die Insekten. Jeder Wald, jeder Park, jeder Garten funktioniert nur deshalb, weil dort Insekten leben. Holz, Nahrung, frisches Wasser, die Verwertung von Müll, von unseren Exkrementen: All diese Ökosysteme, die daran beteiligt sind, bestehen zu zwei Dritteln aus Insekten, wie der Tierökologe Professor Johannes Steidle von der Universität Hohenheim weiß. Er kann nur wenige Beispiele für den Fall nennen, was passiert, wenn Insekten fehlen, verweist aber auf Australien, auf eine Zeit, in der auf diesen Kontinent Kühe importiert wurden. Kühe produzieren Kot in Gestalt von Kuhfladen, die bei uns von Käfern und ihren Larven vertilgt werden – nun fehlten in Australien aber besagte Insekten. Die heimischen Käfer waren nur auf Kängurudung spezialisiert, den Kuhdung ignorierten sie, also blieb er liegen. Das konnte man nun nicht so lassen, eine Lösung musste her. Die fand sich schließlich, indem Dungkäfer aus Südafrika als Migranten anerkannt wurden, sie räumten dann gewaltig auf. Wer bringt denn sonst schon freiwillig den Mist weg – nur Insekten.

Wenige Meter vom Gartentisch entfernt, höre ich auf einmal ein starkes Brummen. Was ist das denn? Erschrocken blicke ich auf und entdecke eine riesige Hornisse an unserem Holzstapel. Hoffentlich hat sie sich nicht dort eingenistet, ist mein erster Gedanke, denn respekteinflößend sind sie schon, die großen gelb-schwarz gestreiften und oben leicht rötlichen Brummer, die ihre Nester gern in Hohlräumen bauen. Hornissen zählen zu den Riesenwespen (sie gehören zur Familie der Faltenwespen) und sind eigentlich recht friedlich, zumindest im Gegensatz zu ihren Artgenossen, den viel kleineren und stechfreudigen Gemeinen Wespen. Hornissen greifen niemals ohne Grund an. Menschen gehen sie aus dem Weg, sie empfinden diese nur als Störenfriede, denen man sich erst dann wehrhaft gegenüber zu verhalten hat, wenn diese einen Angriff auf ihr Nest starten. Ansonsten sind Panikreaktionen völlig unbegründet. Und da sich Hornissen ausschließlich von anderen Insekten, von Baum- und Pflanzensäften sowie Fallobst ernähren, ist nicht zu befürchten, dass sie wie die Gemeinen Wespen über Ihren Kuchen, Ihr Eis oder die Limo Ihrer Kinder am Kaffeetisch im Garten herfallen.

Erst einmal gehe ich auf die Suche, denn wo eine Hornisse ist, kann das Nest nicht weit sein, Hornissen suchen es nämlich fast täglich auf. Auch weiß ich, dass sie sich gern in der Nähe von Wasser ansiedeln. Ich komme mir wie ein Meisterdetektiv vor, als ich dann das Nest im Schuppen eines Nachbarn entdecke, der in seinem Garten einen Teich hat. In gebührendem Abstand beobachte ich fasziniert ihr Treiben.

Es ist fast Ende Mai, seit einigen Wochen hat die Jungkönigin ihren Winterschlaf beendet, gut geschützt in diesem Gartenschuppen, der schon ein wenig morsch ist und viele Einfluglöcher bietet. Sie musste diesen Standort als geeignet befunden haben, um hier ein Nest zu bauen. Dieses besteht aus zerkauten und eingespeichelten verwitterten Holzfasern und sieht aus wie ein Gebilde aus Pappmaché. Dass die Hornissen so emsig unterwegs sind, hat damit zu tun, dass nach der langen Winterphase der eigene Hunger gestillt werden muss. Zugleich hat schon längst der Wabenbau begonnen, denn die Außenwände sehen recht passabel aus. In jede Wabe, das nehme ich mal an, wurde ein Ei abgelegt. Nach einigen Tagen entwickelt sich daraus eine Larve, die über ein Puppenstadium zu einer Hornisse heranwachsen wird.

Immer wieder schleiche ich mich in den nächsten Wochen an den Schuppen heran. Anfang Juli sind die ersten Arbeiterinnen geschlüpft, denn die Königin (sie kann bis zu 3,5 Zentimeter groß werden, die Arbeiterinnen sind wesentlich kleiner, um die 1,8 bis 2,5 Zentimeter) zeigt sich nicht mehr, fliegt nicht mehr aus. Ihr Volk schützt sie jetzt und erledigt sämtliche anfallenden Arbeiten. Die Arbeiterinnen, die keine Gewerkschaft kennen, schuften sich im Laufe von drei bis vier Wochen tot, eine längere Lebenserwartung ist bei ihnen aber auch nicht vorgesehen. Sie werden zur Welt gebracht, um einzig für die Königin da zu sein. Bislang habe ich noch nicht gehört, dass dies eine Meuterei in Gang gesetzt hätte, klaglos haben sie den evolutionären Plan akzeptiert.

Hornissen sorgen hervorragend für ein ökologisches Gleichgewicht, denn dadurch, dass sie viel tierisches Protein verputzen und dieses ebenso für die Aufzucht ihrer Brut benötigen, sind sie ungemein nützlich. Ein großes Hornissenvolk fängt täglich rund 500 Gramm Insekten – so viel fressen fünf bis sechs Meisenfamilien pro Tag. Dabei fliegen Meiseneltern schon bis zu 600 Mal am Tag das Nest an und füttern ihre Jungen mit Obstbaumschädlingen wie Frostspannerraupen und Gespinstmotten. Unterstützung erhalten sie von Gartenrotschwanz, Fliegenschnäpper und Kleiber. Damit die Höhlenbrüter bei Ihnen im Garten bleiben,

Hornissen im Kampf – es geht wohl um die besten Jagdgründe.

können Sie an geeigneten Stellen Nistkästen aufhängen – das nur nebenbei.

Ob Hornisse oder Meise, das ist eine ordentliche Menge, die sie da an Insekten vertilgen. Begehrte Beutetiere sind bei den Hornissen Stechmücken, Bremsen, die Raupen des Eichenwicklers, aber auch Fliegen, Spinnen, Motten und, ja, genau, auch Wespen. Also die kleineren Wespen. Auf Verwandte wird da keine

Rücksicht genommen, da kennt man keine Gnade. Der Gärtner kann jubeln, wenn sich ein Hornissenvolk in seinem Garten angesiedelt hat, Pflanzenschädlinge werden so ratzfatz dezimiert.

Ab August hat der Hornissenstaat seine Hochzeit, das Nest hat nun 200 bis 300 Mitglieder und eine Höhe von ungefähr 60 bis 70 Zentimetern. Ich bleibe besser bei meiner Schätzung, nachmessen will ich das ganz sicherlich nicht. In gescheiten Büchern lese ich nach, dass nun mehrere hundert Arbeiterinnen das Nest beschützen. Die Königin ist ihrerseits bereit, Eier abzulegen, für die Entwicklung neuer Männchen und neuer Jungköniginnen. Damit ist aber auch ihr baldiges Ende besiegelt. Hat Ihre Majestät ihre Dienste absolviert, muss sie nach einem knappen Lebensjahr das Zeitliche segnen. Die Arbeiterinnen würden sich nach erfolgter Eiablage auch nicht mehr um die Königin kümmern, da herrscht dann auf einmal völliges Desinteresse, Königin hin oder her. Sie haben alles für sie getan, nun ist auch gut.

Die alte Jungkönigin verlässt dann das Nest und stirbt irgendwo. Die befruchteten neuen Jungköniginnen werden sich dann einen neuen Unterschlupf für den Winter suchen müssen. Die letzten Arbeiterinnen sterben ab November, ich konnte dann auch feststellen, dass es schlagartig mit dem regen Treiben vorbei war. Die letzten Tage des Hornissenstaats waren gezählt, rund sechs Monate hatte er existiert. Die Jungköniginnen würden im nächsten Jahr neue Staaten gründen.

Wichtig: Hornissen stehen streng unter Naturschutz, ihre Nester dürfen nicht entfernt und schon gar nicht zerstört werden (in solchen Fällen werden hohe Geldstrafen verhängt). Sollte ein Nest mal an einer kritischen Stelle sein, wo vielleicht Kinder gefährdet sind, kann man sich an die Naturschutzbehörden wenden, die einem dann weiterhelfen. Am besten ist es, um das Nest herum ein Absperrband anzubringen, sodass die Tiere nicht unruhig werden und dann doch mal zustechen (der Stich ist nicht gefährlicher als ein Wespenstich, vielleicht ein wenig schmerzhafter, weil der Stachel größer ist und das Gift Acetylcholin enthält, das bei Bienen und Wespen fehlt).

TEIL 2

·········

MEIN NATURNAHER GARTEN
IM SOMMER

JUNI

· · · · · · · ·

KELLERASSELN FANGEN

Es ist Sommer – und bei uns im Garten blühen gefüllte Rosen in den verschiedensten Farben. Das Gemüse sieht fast schon aus, als könnte man es ernten, die Kräuter stehen gut, auch der Hopfen und die Kübel mit einjährigen Sommerblumen. Es ist ein ganz normaler Garten mit allerhand Krimskrams, gesammelt von unserem Sohn Benedikt. Schätze, die eigentlich niemand braucht, sind irgendwo von ihm versteckt, darunter Hölzer, kaputte Bretter und Stiele. Aber man weiß ja nie, wozu sie doch

Unser Garten ist ein Familiengarten, da darf eine Feuerstelle nicht fehlen: Benedikt hat Spaß am Kokeln.

mal nützlich sein könnten. Das nächste Abenteuer ist nie weit für ihn und seine Freunde, die im Garten herumtoben und Weinbergschnecken in Gehegen halten, Ameisenburgen bauen und Kellerasseln *(Porcellio saber)* fangen. Unter jedem Totholz, unter jedem Stein, jedem Blumentopf wimmelt es nur so von diesen kleinen, meist schiefergrauen Tierchen mit den vierzehn Beinen. 200 Stück will Benedikt einmal gezählt haben, gefühlt sah es bestimmt so aus. Die völlig harmlosen Urzeittierchen, die es seit rund 160 Millionen Jahren gibt, werden zu Unrecht als Schädlinge beschimpft und deshalb häufig genug mit Giftködern bekämpft. Diese Krebse – ja, solche wie Langusten, sogar mit Kiemen, nur dass sie die einzigen Krebse sind, die an Land leben und nicht schwimmen können – sind jedoch exzellente Hersteller von Humuserde, denn jede einzelne Assel ist eine biologische Wiederaufbereitungsanlage.

Ich gebe ja zu, die Kellerassel sieht nicht gerade niedlich aus, aber sie ist so nützlich. Im Verborgenen durchwühlen Asseln die oberen Bodenschichten und verarbeiten abgestorbene Pflanzenreste und Insekten. In kurzer Zeit sind die organischen Substanzen zu pflanzenverfügbaren Nährstoffen verarbeitet. Sogar ihre eigenen Ausscheidungen werden verwendet, nur ja nichts soll verkommen.

Um Energie zu sparen, müssen Kellerasseln nicht pinkeln. Andere Lebewesen wandeln Ammoniak in Urin um, die Asseln dünsten Ammoniakgas einfach aus. Wer den ganzen Tag in Exkrementen wühlt, braucht ein gutes Immunsystem, das die Assel natürlich hat, um sich gegen schädliche Bakterien zu schützen. Noch eine Besonderheit, die das Image von Asseln aufpolieren könnte: Asseln sind organische Metalldetektoren, sie nehmen Metalle auf und speichern diese. Kupfer, Zink, Chrom oder Eisen – je mehr davon im Boden vorhanden ist, umso größer werden die Krebse. Leider wird die Assel im Naturrestaurant als

Kellerassel in Gefahr

leckere Spezialität gehandelt. Kröten, Maulwürfe und Spitzmäuse haben die kleinen Krebstiere zum Fressen gern. Asselfallen können Sie sich also sparen. Wer mehr über Tiere weiß, erkennt oft ihren Wert und lernt sie zu schätzen.

LÄUSE IM ANMARSCH

Ob man Läuse wirklich schätzen lernt? Die schönsten Tage im Sommer können einem nämlich ziemlich vermiest werden, wenn im Garten, auf dem Balkon oder der Terrasse eine Invasion von Läusen droht. Die normale Laus ist jedoch nicht das ganz

123

große Problem, sie gehört nicht zu den wirklich starken Schädlingen, das muss mal gesagt sein. Eigentlich geht es ihr ja sogar ziemlich schlecht, denn ständig ist sie bedroht. Sekündlich kann sie ein schlimmes Schicksal ereilen. Sie ist Zielobjekt des Marienkäfers und seiner Larven, andere Käfer tun es ihm nach, und sind es nicht sie, die das Licht der Laus auslöschen, labt sich der Vogel an ihr. Erwischt der Vogel sie nicht, kommt schließlich der Mensch daher und spritzt sie tot.

Um nicht dem Aussterben zum Opfer zu fallen, hat sich die Laus mit eigenen Waffen weiterentwickelt. Ihre Strategie äußert sich in einem verstärkten Vermehrungsdrang. Und um so richtig potent aufzutreten, hat sie sich zudem für die Jungfernzeugung entschieden, das heißt, sie vermehrt sich ohne Männchen. Nicht permanent, das wäre auf Dauer auch zu langweilig, aber gerade im Sommer, wenn die Pflanzen in voller Blüte stehen, verzichtet sie auf den Mann. So bleibt ihr genügend Energie, um den ganzen Tag lang nichts anderes zu machen, als an einer Pflanze zu saugen und für Nachwuchs zu sorgen. Irgendwann, wenn die Tage wieder kürzen werden, beginnen die Läuse auch wieder damit, Männchen zu produzieren, weil sie diese für das nächste Jahr brauchen, um Eier legen zu können.

Bei einer derart enormen Fortpflanzungsrate kann eine Blattlauskolonie überhandnehmen, dann ist eine Pflanze nur noch von Läusen übersät. Denn bei ihrer ständigen Sauglust scheiden die Läuse nicht nur Nachwuchs aus, sondern ebenso Honigtau. Sie saugen nämlich mehr auf, als sie verwerten können, und alles, was sie nicht für sich verwenden können, schießen sie hinten raus. Darüber freuen sich die Bienen. Es gibt einige Arten, die extra diesen Honigtau anfliegen und ihn sammeln; auch Ameisen melken ihn.

Statt mit einer gehörigen Portion Chemie kann man Blattläuse relativ rasch im Zaum halten, indem man als Insektizid Öl

Ameisen beim Läusemelken

einsetzt – das Nahrungsmittel Öl hat fast jeder im Haus, in der Küche im Küchenschrank, ein bisschen Rapsöl oder Olivenöl, das ist ganz egal. Geben Sie davon 20 Milliliter auf 1 Liter Wasser. Ganz wichtig: Immer warmes Wasser verwenden! Besprühen Sie die Pflanze mit dem Öl-Wasser-Gemisch, und schon haben Sie die meisten Blattläuse beseitigt. Der Ölfilm wirkt auch bei den Eiern der Blattläuse, diese Methode ist somit sehr nachhaltig.

Aber wieso Öl? Auf dem Schmierfilm haben die Läuse keine Chance, sich festzuklammern, und das Öl verklebt die Atemorgane der Läuse. Sprühen Sie mit dieser Öl-Wasser-Emulsion Gemüsepflanzen oder Sträucher an, können danach – und spätestens das müsste Sie doch überzeugen, wenn ich es nicht sowieso schon getan habe – geerntete Tomaten, Zucchini, Gurken oder Himbeeren bedenkenlos gegessen werden.

KÄFER MIT ABBAUQUALITÄTEN

Wieder habe ich ein neues Insekt im Garten ausfindig gemacht. Beim Rothalsbock *(Stictoleptura rubra)* haben die Weibchen einen roten Halsschild und Männchen einen schwarzen (siehe Foto). Die Männchen sind auch – wie oft in der Insektenwelt – etwas kleiner als die Weibchen; beide Geschlechter haben aber lange, herunterhängende Fühler, als hätte man ordentlich Po-

Der Rothalsbock will nicht nur fressen, er will sich auch vermehren. Das Käfer-Männchen hält Ausschau nach einer Braut.

126

made für dieses Styling verwendet. Die Käfer sind tagaktiv und fliegen von Juni bis September; sie ernähren sich von Pollen und Blüten.

Die Larven des Rothalsbocks haben einen anderen Speiseplan, sie futtern sich durch das Holz abgestorbener Nadelbäume. Wenn mich Nachbarn auf die Bockkäfer ansprechen, sage ich nicht, dass sie größeren Schaden an Holzhäusern anrichten können. Als früher die Strom- und Telefonmasten noch aus Holz waren, stellte der Rothalsbock eine Gefahr für die Masten dar. Denn seine Larven durchbohren das Holz mit einer Vielzahl von unregelmäßigen Gängen. Doch positiv an ihm ist, dass seine Larven zum Abbau von Altholz in unseren Wäldern beitragen. Auch hier gibt es also wieder zwei Perspektiven.

UNHEIMLICHE MITBEWOHNER

Es kann im Garten aber auch ganz schön gefährlich werden, wenn nämlich die einen oder anderen Insekten nicht aufpassen. In solchen Momenten der Unachtsamkeit sind deren größte Feinde schnell zur Stelle. Wird dann die große Biene von einer kleinen Spinne überwältigt, so finde ich das ganz schön gruselig.

Im Vorgarten habe ich ein kleines Wasserspiel gebaut, ein Mühlstein, über dem Wasser fließt. Denn ist der Sommer heiß und das Wasser knapp, freuen sich Vögel und Insekten gleichermaßen über dieses Nass. Auch bei Nachbarshunden findet die Quelle großen Zuspruch, und die sonst mäkligen Katzen finden sich dort ebenfalls zum Trinken ein. Schönes grünes Brunnenwasser muss wohl einen besseren Geschmack haben als frisches Leitungswasser. Ich bleibe lieber beim Frischwasser.

Neben der tierischen Wassertränke hat sich wie auch immer eine typische Balkonpflanze breitgemacht, die leuchtend gelb blühende Goldmarie *(Bidens ferulifolia)*. Eigentlich ist sie nicht winterhart, aber die Saat hat die kalte Jahreszeit wohl dennoch überstanden und sich im Vorgarten ausgebreitet. Den Insekten scheint sie zu gefallen, eifrig wird sie angeflogen. Beim genaueren Hinsehen habe ich sie dann entdeckt, die Krabbenspinne. Eines dieser Exemplare hatte sich auch ihr Bienenopfer gesucht.

Spinnen sind wohl die ewigen Feinde der Insekten. In so manchen Büchern wird versucht, die Schönheit der Spinnen hervorzuheben; ich muss ehrlich sagen, dass ich ein anderes Schönheitsempfinden habe. Spinnen gehören definitiv nicht zu meinen Lieblingstieren, und um alles in der Welt möchte ich keine Vogelspinne als Haustier halten. Liegt vielleicht auch daran, dass einige Arten ihren Partner als leckere Mahlzeit sehen. Aber zum Glück ist das nicht bei allen Arten so.

Die Veränderliche Krabbenspinne hat gut getarnt ihr Mittagessen gefangen.

In unserem Garten kann es für manches Insekt tödlich enden: eine Kugelspinne mit ihrem Fang. Der Größenunterschied ist beachtlich.

Diese latente Abneigung gegen Spinnen kann ich auch nicht ablegen, selbst wenn ich mir jedes Mal sage, dass es vielfach äußerst nützliche Wesen sind. Manchmal geht das einfach, vielleicht haben Sie ein ähnliches Problem bei den Asseln wie ich bei diesen Gliederfüßlern (Spinnen gehören nicht zu den Insekten!). Über tausend Arten gibt es in Mitteleuropa, und in unseren Gärten wimmelt es nur so von ihnen. Manche sind mikroskopisch klein und saugen hemmungslos Pflanzen aus. Wobei sie meist erst dann erkannt werden, wenn sie zu Tausenden an den Pflanzen als Vampir tätig und als Spinnenweben zu sehen sind. Größere Spinnen sind großartige Insektenjäger, sie fangen Unmengen, darunter natürlich auch viele Schädlinge – deshalb nützlich. Ja, ja ...

Einige Spinnen sind tagsüber unterwegs, andere nachts, sie setzen Netze ein oder lauern ihrer Beute auf, die flinkeren unter ihnen laufen ihr hinterher. Wer einmal in ihre Fänge gerät, muss das Zeitliche segnen. Lebend kommt da keiner raus. Was auch daran liegt, dass Spinnen oft über ein hervorragendes Gift verfügen und es auch gezielt einsetzen, ihr Opfer ist dann in Sekundenschnelle gelähmt. So können sie auch Insekten erbeuten, die viel größer sind als sie selbst. Da Spinnen nicht in der Lage sind, zu kauen, werden die Gefangenen mit einem Verdauungsenzym aufgelöst, und übrig bleibt am Ende nichts weiter als eine leere Hülle, der unverdauliche Chitinpanzer der Insekten. Nochmals

Die Kugelspinne mit ihrer Beute. Ob die Fliegen hoffen, dass da was für sie abfällt?

und immerhin (aus meiner Perspektive): Ohne Spinnen würden viel mehr Plagegeister den Pflanzen zu schaffen machen.

Aber zurück zur Goldmarie. Die Krabbenspinne hatte sich auf der Blüte mit perfekter gelber Tarnung auf die Lauer gelegt. Das Besondere an diesen Spinnen ist, dass sie sich farblich dem jeweiligen Untergrund anpassen können, auf der gelben Blüte war sie kaum auszumachen. Ihre Beute, Bienen, Hummeln oder Käfer, können den Jäger nicht sehen und werden blitzschnell mit den Vorderbeinen gepackt. Danach erfolgt ein giftiger Biss in den Nacken – und aus ist es für die armen Insekten. Die Weibchen dieser Krabbenspinnenart können bis zu 10 Millimeter groß werden und gehören damit zu den größten Krabbenspinnen. Sie sind wirklich unheimlich.

Nach meinem Erlebnis mit der Krabbenspinne hatte es mich gepackt, ich wollte es nun wissen. Für einen Tag wollte ich mich auf Spinnensuche begeben, wollte herausfinden, welche Arten sich in meinem Garten zu Hause fühlen. Und wieder die Erkenntnis, dass ich nur selten darauf geachtet habe, wie klein die Räuber sind und wie groß die Beute sein kann. Die recht langbeinige und auffällig gefärbte Kugelspinne *(Enoplognatha ovata)* entdeckte ich, als sie gerade mit ihrer Beute beschäftigt war, wobei viele kleine Fliegen um sie herumflogen, als würden sie diese der Spinne streitig machen wollen. Die gefangene Kreatur war aber schon so gut «verpackt», dass ich nicht richtig erkennen konnte, wer da in ihre Fänge geraten war.

Die Kugelspinne ist mit der Schwarzen Witwe verwandt, darum besitzt sie ein außerordentlich wirksames Gift, um selbst wehrhafte Beute zu fangen. Ich hatte das Gefühl, dass nicht nur ich sie entdeckt hatte, sondern auch sie mich. Weil ich ein Feind sein könnte, verschwand sie schnell hinter einem Blatt.

Einige Meter weiter, auf dem Blatt des Sonnenhuts, saß wie aufgemalt eine Laufspinne *(Tibellus oblongus)*, eine sehr schlanke, gestreckte Spinne mit langen nach vorn und nach hinten gerichteten Beinen. Sie war hellbraun und hatte einen dunkleren braunen Mittelstreifen. Der Körper war ungefähr 1 Zentimeter lang. Sie ließ sich von mir nicht stören, sondern verharrte auf dem Blatt, wo sie bestimmt auf Beute wartete, der sie dann hinterherjagen konnte. Denn ein Fangnetz hatte sie nicht gewebt, obwohl sie eine Webspinne ist. Gut zu erkennen ist das an vielen Buchsbäumen, die übersät von Spinnennetzen sein können; hier bauen sie trichterartige Netze in die Sträucher. Verirrt sich ein Insekt in die Nähe der Trichter, kommt die Spinne blitzschnell aus ihrem Versteck unterhalb des Trichters heraus.

Beim genauen Betrachten der einzelnen Blumen und Gemüsepflanzen begegnete ich noch vielen anderen Spinnen. Ja, sie sind nützlich, aber so genau wollte ich es dann doch nicht wissen. Stattdessen wurde ich von den schwarz und dunkelbraun gefärbten Schlupfwespen *(Ichneumonidae)* mit ihrer berühmten «Wespentaille» abgelenkt, denn wenn im Juni die Insekten in Massen auftreten, sind sie nicht weit.

Schlupfwespen sind unerlässlich, will man chemiefrei gärtnern. Also: Unterschätzen Sie diese Insekten niemals. Jeder Hobbygärtner braucht sie als biologische Bodyguards. Für den Menschen sind Schlupfwespen völlig harmlos, sie besitzen keinen Wehrstachel, nur einen Legestachel – und vor dem haben sich einzig und allein viele Pflanzenschädlinge zu fürchten. Im Sommer 2019 waren viele Pflanzen einem großen Ansturm von Blattläusen ausgesetzt. Zur Freude der Schlupfwespen, denn sie stehen auf Blatt-, Blut- oder auch Schildläuse und werden von ihnen parasitiert. Was das heißt? Die befruchteten Weibchen bohren mit ihrem Legestachel – der noch einmal so lang wie der Körper des Hautflüglers ist – die eigenen Nachkommen etwa in Blattläuse. Bis von den Läusen nur noch eine aufgeblähte Hülle

Eine Schlupfwespe mit Legestachel auf den kleinen Blüten der
Weißen Fetthenne

aufgebahrt werden kann. Trockene Mumien, nur lange nicht so
schön wie die ägyptischen.

Viele der weltweit 40 000 Schlupfwespen-Arten haben es auf
bestimmte Wirte abgesehen, auch auf bestimmte Stadien, einige
auf deren Eier, andere auf Larven oder Puppen. Die auf Blattläuse
spezialisierte Art kann innerhalb einer Woche ihre Eier in bis zu
200 Blattläusen ablegen, ein bis zwei Tage später schlüpfen die
Larven und futtern die Blattläuse von innen hohl. Der Wirt hat
das Nachsehen, er muss sterben – aber die Pflanze ist glücklich,
denn sie fühlt sich befreit von ihren Drangsalierern. Die Mörder
sind in diesem Fall nicht vors Gericht zu stellen.

Andere Arten befallen die Raupen von Schmetterlingen und Nachtfaltern wie dem Apfelwickler oder dem Frostspanner und machen diesen Schädlingen den Garaus. Weitere Wirte des exzellenten Parasiten sind Gemüsefliegen, Blattwespen und Käfer, etwa der Borkenkäfer. Die Schlupfwespen erkennen ihre Opfer meilenweit an ihrem Geruch, an den Stoffen, die vom Kot und von den Munddrüsensekreten ausgestoßen werden. Aber auch an dem Duft, den die Pflanzen selbst ausströmen, wenn sie von den Unholden aufgesucht werden. Pflanzen verbreiten also nicht nur Lockstoffe, um Insekten anzuziehen, sondern sie senden auch Alarmsignale aus. SOS-Rufe über Kairomone, wie diese Stoffe heißen (Pheromone sind auch chemische Botenstoffe, aber eben Sexuallockstoffe und keine Warnduftnoten). Schlupfwespen sind somit wahre chemische Spürnasen, da kann sich eine Raupe noch so gut getarnt unter Blättern mästen, bei einer Schlupfwespeninvasion hat sie keine Chance. Und die Schlupfwespen, die sich auf Blattläuse spezialisiert haben, nutzen ein raffiniertes Ablenkungsmanöver. Blattläuse werden seit jeher von Ameisen beschützt, und weil diese ein eingespieltes Team sind, nehmen die Wespen den Geruch der Läuse an und bleiben so für die Ameisen unerkannt. In jeder Variante ein geniales System. Und äußerst effizient.

Manche Schlupfwespen sind so effektiv, dass sie sogar gezüchtet und professionell im Gartenbau gegen Schädlinge eingesetzt werden – als perfekte biologische Schädlingsbekämpfung. Jedes Tier auf der Welt hat eben seine natürlichen Feinde, eine Einrichtung, die nicht nur für die Natur, sondern auch für den Menschen sehr praktisch ist und für seine Zwecke eingesetzt wird. Jeder, der Mais anbaut, fürchtet sich vor dem Maiszünsler – die Larven dieses kleinen Schmetterlings laben sich nur zu gern an den Blättern, Stängeln und Kolben dieser Nutzpflanze. Werden nun Schlupfwespen ausgebracht, legen die Weibchen Eier in die

Eier des Maiszünglers. Aus diesen Eiern schlüpfen dann keine Maiszünglerlarven, sondern Larven von Schlupfwespen. Und schon hat man zwar nicht den Maiszüngler komplett vertrieben, aber doch enorm reduziert. Gentechnik mag dem Tun der Schlupfwespe überlegen sein, natürlich, elegant und ökologisch ist aber was anderes.

Auch gegen die Weiße Fliege gehen Schlupfwespen unerbittlich vor. Die Weiße Fliege ist aber keine Fliege, sondern eine Mottenschildlaus, die nach dem Schlüpfen ihre Flügel und den Hinterleib mit weißem Wachsstaub bedeckt. Sie hat sich Gewächshäuser als Brutstätte ausgesucht, kann aber durch den Einsatz von Schlupfwespen in ihrem Paradies erheblich gestört werden – zumal sie durch die räumliche Begrenzung daran gehindert wird, sich einfach woanders ihre Wirtsgenossen zu suchen.

Im Garten muss man schon genau hinsehen, um die kleinen, meist unauffällig gefärbten Nützlinge zu entdecken. Und weil sie so wichtig sind, müssen wir ihnen in unserem Grün einen Lebensraum und Futter bieten. Wildwuchs sorgt für ideale Überwinterungsmöglichkeiten, aber einige Arten nutzen auch die leeren Hüllen ihrer Wirte, um gut durch die kalten Monate zu kommen: Deshalb sollten Sie nicht jeden Gartenabfall sofort entsorgen oder verbrennen. Das größte Problem für unsere Nützlinge ist aber der Einsatz von chemischen Pflanzenschutzmitteln. Verzichten Sie darauf! Und wenn Sie auf den Speiseplan dieser intelligenten Parasiten achten wollen: Erwachsene Schlupfwespen ernähren sich von Nektar und Pollen, einige aber auch vom Honigtau der Blattläuse. Sie lieben Kräuterbeete mit Dill, Kümmel oder Fenchel, auch die Wilde Möhre wird nicht verschmäht – übrigens alles Doldenblütler.

Hier eine Auswahl an Schlupfwespen, die übers Internet zu bestellen sind:

Blattlausart	Schlupfwespenart
Erbsenlaus *(Acyrthosiphon pisum)*	Praon volucre
Malvenlaus *(Acyrthosiphon malvae)*	Praon volucre
Große Himbeerlaus *(Amphorophora idaei)*	Praon volucre
Kartoffellaus *(Macrosiphum euphorbiae)*	Aphidius matricariae
Große Rosenblattlaus *(Macrosiphum rosae)*	Aphidius ervi
Grünfleckige Kartoffelblattlaus *(Aulacorthum solani)*	Ephedrus cerasicola
Grüne Pfirsichblattlaus *(Myzus persicae)*	Aphidius colemani

Schau mir in die blauen Augen: eine schöne Florfliege.

Im Juni und auch im Juli strahlt unser Garten in vielen Farben, alles steht in Blüte, die Blätter sind saftig grün. Blumen locken mit ihren Düften. In der Insektenwelt dreht sich alles ums Vermehren. Da Insekten am Anfang der Nahrungskette von Vögeln und anderem Getier stehen, müssen sie sich schnell und stark vermehren, um die vielen Ausfälle in kürzester Zeit auszugleichen. Im Garten konnte ich häufig beobachten, wie die Florfliege gerade für Nachwuchs gesorgt hat, während sie fast im gleichen Moment von einem Vogel gefressen wurde. Zum Glück war es mir vorher noch möglich gewesen, ein schönes Foto von diesem filigranen Nützling zu machen. Denn die Gemeine Florfliege *(Chrysoperia carnea)* ist wie die Schlupfwespe Hüterin eines natürlichen Gartens. Schädlinge wie Blattläuse, Raupen, Thripsen (Fransenflügler), Spinnenmilben, Weiße Fliegen, Schmier- und Wollläuse werden grimmig in ihrer Nähe, da sie von ihr ohne Wenn und Aber reduziert werden.

Schaut man sich die Florfliege genauer an, wird klar, warum sie auch den Namen «Goldauge» trägt. Die schimmernden Facettenaugen der elfenartigen Geschöpfe glänzen wie Gold. Der schmale grünliche Körper mit den länglichen netzartigen Flügeln wirkt im Licht regenbogenartig. Was so wunderschön und grazil auftritt, Pollen streift und an Nektar nippt, hat es aber in sich. Denn die Nachkommen dieser Fliegen sind mehr als gefräßig, reinste Fressmaschinen, sodass man die Larven auch als «Blattlauslöwen» bezeichnet. Die erwachsenen Florfliegen futtern nur Pollen und Honigtau, aber die Larven, die Nimmersatten, schaffen täglich bis zu 50 Blattläuse – in der kurzen Dauer ihres Larvenstadiums kommt man auf bis zu 500 Exemplare. Und die Rechnung ist noch nicht zu Ende: Ein einziges befruchtetes Weibchen kann bis zu 900 Eier legen – da haben die Schädlinge kein leichtes Spiel, selbst wenn sie sich zusammenrotten. So ist es dann auch nicht weiter erstaunlich, dass Florfliegen ebenfalls in Massen gezüchtet werden, um in Gewächshäusern oder auch in Büroräumen für eine biologische Regulierung zu sorgen. Für die Vermehrung werden 8 bis 22 Tage benötigt, abhängig ist das von der Außentemperatur. Je wärmer es ist, umso rasanter pflanzen sich die Fliegen fort.

Die ovalen Eier werden in Gruppen an langen Stielen direkt in der Nähe von Blattlauskolonien abgelegt. Schlüpfen die Larven, die noch nichts Filigranes an sich haben, wandern sie abwärts auf der Suche nach einer passenden Mahlzeit. Wie in einem schlechten Horrorfilm bewegen sie ihren Kopf von rechts nach links und von links nach rechts, bis sie auf ihr Opfer treffen. Haben sie eine Blattlaus erspürt, packen sie diese mit ihren zangenartigen Mundwerkzeugen und pumpen sie voll mit einem Verdauungsextrakt. Danach wird die Laus innerlich brutal aufgelöst und von der Florfliegenlarve wie eine Auster ausgeschlürft. Alles ohne synthetische Gifte. Guten Appetit!

Ich habe mir das Szenario einmal unter einem Mikroskop angeschaut und nicht verstanden, warum die Blattläuse nicht verschwinden. Sie haben doch Beine und Augen – wird der Feind etwa nicht erkannt oder nur ignoriert, wird das kommende Schicksal womöglich gar als selbstverständlich hingenommen? Oder ist die Tarnung der Larven mit den so merkwürdigen Borsten an den Seiten der Larven derart perfekt, dass sich die Opfer in Sicherheit wiegen? Eine endgültige Antwort muss erst noch gefunden werden, die Forschung ist dabei.

Wer Florfliegen unterstützen und ihnen einen Platz im Garten anbieten möchte, sollte für frostfreie Winterquartiere sorgen. Sie suchen gern unsere Behausungen auf, verkriechen sich in der kalten Jahreszeit in Garagen oder Gartenhütten. Am besten im Herbst die Fenster, die Türen oder Tore einen kleinen Spalt zum Einfliegen offen lassen. Ebenso im Frühjahr, damit sie wieder rausfinden. Als gutes Versteck eignen sich auch Kiefernzapfen, die Sie in einer Ecke der Garage oder vor dem Fenster im Gartenhäuschen aufbewahren können. Eine weitere Möglichkeit ist das Aufhängen von Florfliegenkästen. Diese sollten mindestens 40 × 40 Zentimeter groß und rot gestrichen sein (Florfliegen finden alles, was rot ist, sensationell). Füllen kann man die Kästen mit Holzwolle oder Stroh. Schräge Lamellen, die nach unten gehen, dienen als Einflugsöffnungen. Ab September können die Kästen im Garten auf eine Höhe von etwa 150 bis 180 Zentimeter aufgehängt werden, gern dort, wo in der Nähe Pflanzen wachsen, die jedes Jahr von Blattläusen befallen werden. Im Frühjahr ist dann die Futterkrippe nicht weit. Ohne diese geschützten Plätze überwintern Florfliegen in den Ritzen von Baumrinde, doch sterben so bis zum Frühjahr bis zu 90 Prozent der Jungfliegen. Bieten wir ihnen jedoch Winterquartiere, können wir die Sterblichkeit drastisch reduzieren. Und noch ein anderer nützlicher Gast findet sich häufig in den Florfliegenkästen ein: der Marienkäfer.

SAUBERMANN ADE

Zu meinen Lieblingsinsekten gehört auf jeden Fall der Gebänderte Pinselkäfer *(Trichius fasciatus)*. Der Blatthornkäfer ist so ein hübsches wolliges Geschöpf, abwechselnd weiß und gelb, man könnte ihn fast mit einer kleinen Hummel verwechseln. Und so wie man Hummeln nicht übersehen kann, kann man auch den Pinselkäfer nicht übersehen, wenn er ab Juni auf unseren Blütenpflanzen unterwegs ist, um sich Pollen einzuverleiben. Typisch sind auch die drei schwarzen Streifen rechts und links auf den Flügeldecken und seine sehr großen Augen am Kopf. Am

Ende der Beinchen sind kleine Haken, damit kann er sich gut auf den Blüten festhalten.

Das Weibchen legt seine Eier in kleinen Gruppen in Totholz ab, daher sind die Pinselkäfer nur in naturnahen Gärten anzutreffen, in denen nicht gleich alles weggeräumt wird. Bei uns liegt genügend totes Holz herum, sodass die Käfer hier entspannt ihre Entwicklung durchlaufen, einschließlich mehrerer Larvenstadien. Bis sich da so ein erwachsener Käfer zeigt, können bis zu zwei Jahre ins Land gehen. In dieser Zeit ernähren sie sich von dem verrotteten Holz. Leider haben die hübschen Käfer nur eine Lebenserwartung von drei bis vier Wochen, sie fliegen Dolden-

Ganz gewitzt: Der Gebänderte Pinselkäfer will seinen Fressfeinden vortäuschen, dass er eine Hummel ist, von der man besser Abstand nimmt. Hier labt er sich an unserem Zierlauch.

gewächse, Rosen, Disteln, Thymian, Margeriten und Brombeersträucher an. Und wenn ihnen eine Biene oder gar eine dicke Hummel auf den Pelz rückt, stört sie das nicht im Geringsten. Gleichmut ist ihre Stärke. Prominenter Verwandter ist der Skarabäus, auch ein Blatthornkäfer, der in altägyptischen Darstellungen als Heiliger Pillendreher verehrt wurde. Bei dieser Art von Käfern ist zu sehen, dass einige Insekten nicht existieren können, wenn unsere Gärten zu «sauber» sind.

OHNE BLÜTE GEHT GAR NICHTS

Noch immer rätselt die Wissenschaft, wie der Farbreichtum von Blüten, wie sich ihre phantastischen Fortpflanzungsorgane im Laufe der Evolution entwickelt haben. Genforscher haben aber immerhin inzwischen herausgefunden, wann die Erfolgsgeschichte der bunten Pracht begann – nämlich vor mehreren hundert Millionen Jahren. Und die Wissenschaftler haben ans Tageslicht gebracht, dass einschneidende Veränderungen im Erbgut für die Entstehung der Blüten verantwortlich waren. Genauer gesagt waren es zwei Einschnitte, der erste ereignete sich vor rund 320 Millionen Jahren, der zweite vor knapp 200 Millionen Jahren. Jedes Mal kam es zu einer massiven Erbgutveränderung, an diesen historischen Punkten verdoppelte sich, wodurch auch immer, auf einmal dauerhaft das Erbgut der Blütenpflanzen-Vorfahren – das jedenfalls haben der Bioinformatiker Yuannian Jiao und seine Kollegen von der Pennsylvania State University 2011 anhand von vielen Daten herausgefunden. Durch diese Genom-Verdoppelung gab es offensichtlich Vorteile, die dann zur weltweiten Verbreitung von Blütenpflanzen führten. Normalerweise sind diese Erbgutsatz-Verdoppelungen Fehler, die beispielsweise mit sich brachten, dass etwa Wirbeltiere, bei denen so

Der Purpursonnenhut ist für Insekten aller Art ein Hot Spot.

etwas passierte, meist nicht lebensfähig waren. Für die Pflanzen war das aber kein Problem, sie profitierten sogar davon.

Jiao und sein Mitstreiter untersuchten für ihre Erkenntnisse das Genom von sieben Blütenpflanzen, deren Erbgut bereits komplett entschlüsselt war: Reis, Mohrenhirse, Papaya, Gurke, Weinrebe, die Westliche Balsampappel und die Ackerschmalwand. Zum Vergleich zogen sie die Genome eines Mooses sowie eines Moosfarns heran, also zweier Pflanzen, die nicht zu den Blütenpflanzen zählen. Sie verglichen Gen-Gruppen in den verschiedenen Pflanzen, die jeweils von einem Gen abstammten, aber vervielfacht wurden. Auf diese Weise konnten sie auch eingrenzen, wann die Verdopplungen passiert sein mussten.

Mit mehr als 300 000 Arten sind die Blütenpflanzen die erfolgreichste Pflanzengruppe. Sie sind in jedem Garten, auf dem Feld, in der kleinsten urbanen Ecke zu finden. Blütenpflanzen können das fast unscheinbare Veilchen sein, zu ihnen zählen aber ebenso die großen Bäume, die die Vorherrschaft auf der Erde haben. Fast 90 Prozent aller Pflanzen sind Blütenpflanzen, und die meisten von ihnen nutzen Insekten als Boten, um sich zu vermehren. Wie eine Welt ohne Blüten aussehen würde, will ich mir erst gar nicht vorstellen.

Wenn man es ganz sachlich betrachtet, ist die Blüte eigentlich nichts anderes als ein Fortpflanzungsorgan. Eine geniale Erfindung der Natur, damit sich Blütenpflanzen vermehren können, mal mehr, mal weniger raffiniert gestaltet. Die farbenprächtigen Blütenblätter haben so direkt nichts mit der Vermehrung zu tun, sie sind aber notwendiges Beiwerk, Lockmittel, damit es mit den nächsten Generationen besser klappt. Unerlässlich sind dagegen die männlichen Staubblätter mit den Pollen und der Blütenstempel mit den weiblichen Geschlechtszellen, in dem der Samen he-

Von Woche zu Woche wird es immer bunter und dichter auf meiner Wiese.

ranreifen kann. Die Blüte selbst hat nur einen Daseinsgrund, sie muss das Problem, wie der Pollen an den Stempel kommt, lösen. Sie ist für die Befruchtung zuständig.

Nicht immer funktioniert das von allein, es musste also Hilfe geholt werden. Die Pflanzen spannten für ihre Interessen Insekten, Vögel oder auch größere Tiere ein. Fast könnte man meinen, die Tiere und Insekten wurden für ihre Zwecke manipuliert. Um eine sichere Befruchtung zu garantieren, legen viele Blüten neben den Staubgefäßen und dem Stempel einen Vorrat an süßem, unwiderstehlichem Nektar an. Bienen und Schmetterlinge fliegen wie wild darauf. Wird der Zuckersaft probiert, stoßen sie automatisch an die Geschlechtsorgane der Blüte; dabei bleibt am Körper der Besucher Pollen kleben. Wenn die Tierchen dann zur nächsten Blüte krabbeln oder fliegen, streift der Pollen den Stempel – und die Blüte ist befruchtet. Geradezu genial. Zumal viele Insekten Befruchtungshilfen sind, ohne es zu wissen.

Doch so einfach, wie das jetzt klingt, ist es dann doch nicht. Besser gesagt, es wäre nicht sinnvoll, wenn einfach nur drauflosgeflogen oder -gekrabbelt würde. Das wäre nichts anderes, als würde Amazon mit einer Drohne die eingegangenen Bestellungen nach einem Zufallsprinzip verteilen. Dann bekomme ich statt meiner Bestellung vielleicht das heißersehnte Kleid meiner Nachbarin und sie – wer weiß das schon ... Jedenfalls: Keiner erhält das, was er wirklich braucht. Also haben sich die Pflanzen auf bestimmte Insekten eingestellt. Mit besonderen Blütenformen, Blütendüften oder Blütenfarben. Sollen zum Beispiel Bienen zu Tisch geladen werden, sind die Blüten oft gelb oder blau. Rot wird vermieden, da diese Farbe kaum wahrgenommen wird. Blüten, die nachtaktive Insekten bevorzugen, öffnen ihre Blüten eher abends und sind meistens weiß, damit sie im Dunkeln gut zu erkennen sind. Ein süßer Geruch wird noch zusätzlich als Orientierungshilfe verströmt. Nicht jede Blüte muss schön duften,

Wunderschön: ein Bläuling mit geöffneten Flügeln

denn hat sich eine Pflanze Fliegen als Bestäuber ausgesucht, wird diese auch stinken, meist wie vermodertes Fleisch. Manchmal sind die Blüten aber auch so geformt, dass nur einige Insekten Zugang bekommen. Die Blüten des Löwenmäulchens bleiben zum Beispiel so lange geschlossen, bis sich der richtige Gast, die schwere Hummel, niederlässt. Dann klappt die Blüte auf, und es kann losgehen mit dem Nektarschlürfen.

Manche Blüten sind Meister der Illusion. Andere haben den Geruch oder die Form der willkommenen Insektenweibchen angenommen, und die Männchen versuchen erfolglos ihr Liebesglück. Glück hatte dann nur die Blüte, die mit dieser gemeinen Taktik befruchtet wurde. Orchideen sind Meister im Vortäuschen, sie sparen sich so Ressourcen und verzichten – ganz schön helle – auf die Produktion von Nektar. Bloß nicht zu viele Anstrengungen unternehmen, man will ja schön und edel daherkommen. Blütenpflanzen, die sich wiederum selbst bestäuben, haben sich die allergrößte Gewissheit verschafft, dass der richtige Partner befruchtet wird. Ihr Profit: Sie brauchen dadurch auch viel weniger Energie, bei ihnen geht es dann darum, nicht zu viel in die Produktion von männlichen Pollen zu stecken. Diese Pflanzen können auch gut und gerne in kleinen Gruppen existieren. Das Problem ist hier nur: Selbstbestäuber, die ja ihren Pollen mit dem Wind verteilen, müssen darauf hoffen, geeignete Partner zu finden, wenn diese nicht in Massen auftreten. Aus diesem Grund sind Gräser Selbstbestäuber, sie treten selten singulär in Erscheinung. Es gibt aber auch Pflanzen, die diverse Methoden kombinieren, darunter Laubbäume: Der leichte Pollen wird vom Wind verweht, für den einen oder anderen Pollensammler ist er dennoch eine Kost, die nicht verachtet wird.

Keine andere Pflanzengruppe hat so ausgeklügelte Strategien entwickelt wie die Blütenpflanzen. Das hat maßgeblich dazu beigetragen, dass sie sich fast über die ganze Erde ausbreiten konnten und immer neue Lebensräume erschlossen haben.

MANCHMAL MUSS ES EIN
KRÄUTERBOGEN SEIN

Psychologen haben herausgefunden, dass Menschen die Mitte suchen. Stehen alle Personen in der Mitte eines Raums, sucht derjenige, der neu hinzukommt, ebenfalls die Mitte auf – in der Hoffnung, das Richtige zu tun, weil ja alle es getan haben. Herdentrieb nennt man das, der Instinkt von Menschen und Tieren (zu denen der Mensch ja zählt), sich in Gruppen zusammenzu-

Häufiger Gast auf unserer Blumenwiese: ein C-Falter. Seine wichtigste Futterpflanze ist aber die Große Brennnessel.

tun, um Anschluss und Sicherheit zu finden. Ich selbst bin eher jemand, der sich lieber nach rechts oder links begibt. Ich will es anders machen, mich nicht einfach auf Altbewährtes verlassen, will Neues ausprobieren – jedenfalls im Garten. Und das betrifft in diesem ganz speziellen Fall die Kräuterspirale.

Kräuterspiralen sind ein großer Trend, bieten sie doch die Möglichkeit, auf kleinstem Raum eine Menge verschiedener Kräuter anzubauen. Wer selbst eine Spirale bauen möchte, ori-

147

entiert sich architektonisch an einem Schneckenhaus, dabei können diverse Baumaterialien zum Einsatz kommen, so kann man Natursteine, Holz oder auch Drahtgittergestelle benutzen, alles ist denkbar und möglich. Ziel ist dabei eine Aufwärtsbewegung von unten nach oben, wobei der höchste Punkt ungefähr 80 Zentimeter haben sollte. Heimische Kräuter wie Petersilie, Schnittlauch, Estragon oder Bohnenkraut werden unten gepflanzt, weiter oben die sonnenhungrigen mediterranen Kräuter wie Rosmarin, Thymian oder Majoran. Doch irgendwie hatte ich einen inneren Widerstand gegen dieses bekannte Prinzip. Ich wollte es mal anders machen, ich wollte keine Kräuterspirale, ich wollte einen Kräuterbogen anlegen.

Meine Kräuter sollten erst einmal einen besonderen, einen hellen, sonnigen Platz bekommen, nicht irgendeine Ecke, nur weil dort noch Platz ist. Die Kräuterspirale berücksichtigt damit die Tatsache (und die wollte ich nun keineswegs ignorieren und auch nicht all die anderen guten Erkenntnisse), dass viele Küchengewürze ursprünglich in wärmeren Gegenden zu Hause waren, es sind Einwanderer, Immigranten aus dem Süden Europas, etwa die Zitronenmelisse, der Lavendel, Basilikum oder auch Salbei. Diese gedeihen gut auf steinigen, kalkhaltigen Böden, während unsere heimischen Kräuter es tendenziell lieber feucht und humos mögen. Sie geben sich sogar mit Halbschatten zufrieden, Sauerampfer, Pfefferminze oder das Maggikraut sind da nicht so wählerisch.

Und weil es bei Kräutern grundsätzlich nicht um Masse geht, sondern um die Qualität der Inhaltsstoffe – sie entscheiden letztlich über den Geschmack –, sollten sie selbstverständlich den richtigen Standort bekommen. Neben dem passenden Boden und viel Licht ist auch ausreichend Platz wichtig. Kräuter, die zu eng stehen oder zu nass, können nicht gedeihen. Mögen die Ansprüche, die sie haben, in einer Spirale erfüllt werden, in meinem Kräuterbogen ist das genauso der Fall. Und auch bei den Inhaltsstoffen müssen sich die beiden Varianten keinen Wettbewerb liefern, die Kräuter schmecken hier wie dort hervorragend. Großer Vorteil beim Bogen ist allerdings, dass bei dieser Variante ein Boden einfacher zu bauen und anzulegen ist als bei einer Spirale. Das Streben in die Höhe fällt beim Bogen nämlich buchstäblich flach. Bei meinem Hufeisenprinzip gibt es nur eine leichte Steigung, die durch Erde und aufgeschichtete Steine leicht hinzubekommen ist. Denn keineswegs hatte ich das Gefühl, mich als Architekt beweisen zu müssen. Aber selbst das war mir noch irgendwie zu einengend. Konnte sich mein Kräuterbogen letztlich nicht über den ganzen Garten erstrecken, über einen weiten Bogen? Das bedeutete nun nicht, dass ich plötzlich größenwahnsinnig geworden war, dahinter verbarg sich ein guter Grund.

Und dieser Grund hat mit den Inhaltsstoffen der Kräuter zu tun: Sie verfeinern nämlich nicht nur Speisen, sondern halten auch auf hervorragend effiziente Weise Plagegeister im Garten fern. Mit anderen Worten: Kräuter verfügen über sensationelle Abwehrmechanismen. Ganz ohne synthetische Keulen, aber mit einer ausgeklügelten Chemie. Ihrer eigenen. Während Rosen oder Weißdorn Dornen entwickelt haben, um sich vor Fressfeinden zu schützen, setzen Kräuter gezielt ihre Inhaltsstoffe ein – ähnlich wie Brennnesseln. Berührt man Brennnesseln, brennt es hinterher lästig auf der Haut. Verursacht wird das von den spitz zulaufenden Brennhaaren an den Blättern, die wie eine Spritze mit einer Lösung funktionieren. Der darin enthaltene Wirkstoff setzt sich zusammen aus Ameisensäure, Acetylcholin, Histamin und Serotonin.

Ähnlich strategisch gehen Kräuter vor. Ihre Inhaltsstoffe sind ätherische Öle, Bitter-, Gerb- und Schleimstoffe, Alkaloide, Flavonoide, Saponine, Kieselsäure, Vitamine, Mineralstoffe, Tannine oder Ellagitannine. Letztere sorgen dafür, dass Kräuter bitter schmecken und somit ungenießbar werden, sodass viele Insekten einen großen Bogen um sie machen.

Ellagitannine und Tannine sind auch in vielen Stauden vorhanden, ebenfalls findet man sie in Rosengewächsen, Erdbeeren, Himbeeren und Walnüssen. Ellagitannine zählen zu den Gerbsäuren, und in Studien wurde nachgewiesen, dass sie eine krebsvorbeugende Wirkung haben. Viele Pflanzen und Kräuter führen – sozusagen in einer Doppelfunktion – eine ganze Apotheke mit sich herum, und alles ohne Rezept. Sie müssen nicht wie wir Menschen erst den Arzt oder Apotheker fragen.

Senfölglykoside sind wie die Ellagitannine sogenannte sekundäre pflanzliche Inhaltsstoffe, die aus Schwefel- und Stickstoffverbindungen bestehen und sich damit durch einen scharfen und leicht bitteren Geschmack auszeichnen. Wir Menschen haben aus unseren Gemüsesorten vielfach die Bitterstoffe herausgezüchtet, weil uns ihr Geschmack nicht gefiel. Dabei ist heute bekannt, dass Senföle einen gewissen Schutz vor bestimmten Krebsarten bieten, weil sie die Veränderung von Zellen verhindern. Ausgerüstet und gut gewappnet mit Senfölglykosiden ist zum Beispiel die Kapuzinerkresse und die Meerrettichwurzel. Wer beides einmal probiert hat (und nicht nur als Züchtung, sondern auch wild wachsend), kennt ihren stechenden Geruch.

Einige Kräuter haben sich auf Inhaltsstoffe kapriziert, die – ganz pfiffig – die Vermehrung von Pilzen oder Bakterien hemmen oder sogar völlig stoppen können. Diese antimikrobiell wirkenden chemischen Verbindungen (insgesamt hat man bislang rund hundert aus mehr als fünfzehn Pflanzenfamilien entdeckt, in Nachtschattengewächsen andere als in Korbblütlern oder Hülsenfrüchten) werden als Phytoalexine bezeichnet, sie werden unmittelbar dann von der Pflanze produziert, wenn eine stressige Infektion durch Pilze oder Bakterien stattgefunden hat. Zu den Phytoalexinen gehören Flavonoide, Alkaloide oder Isoflavone, das sind im Übrigen auch die Stoffe, die unter anderem für die Heilkraft einiger Kräuter verantwortlich sind. Und was den Pflanzen hilft, hilft auch den Menschen.

Bei uns zählen diese Stoffe zu den Antioxidantien. Unter denen, die über die Ernährung aufgenommen werden, sind besonders jene in Karotten, Paprika, Kohlsorten oder Zitrusfrüchten hervorzuheben. Sie stecken auch in Trauben, Himbeeren oder Erdnüssen. Diese sekundären Pflanzenstoffe finden sich ebenso in grünem oder schwarzem Tee, weshalb Tees zur Pflanzenstärkung genutzt werden können (auch meine eigenen Tests mit Kamillentee laufen gut an). Da Hitze einen Teil der Antioxidantien in den Pflanzen zerstört, sollten Tees nicht zu heiß aufgegossen werden. Versuchen Sie auch mal Ihre Pflanzen mit zermahlenen Traubenkernen zu düngen. Meine Erfahrung: Meine Pflanzen sind dadurch stabil, kräftig und widerstandsfähiger gegen so manche Schädlinge und Pilze geworden. Und diese Erkenntnis beruht nicht darauf, dass ich mir das gewünscht habe …

AROMATISCHE KRÄUTER GEGEN SCHÄDLINGE

Lavendel setzt auf ätherische Öle – wird er zwischen Rosen gepflanzt, kann das Blattläuse abschrecken. Und Kräuter wie Oregano, Thymian oder Salbei begreifen ihre Duftstoffe ebenfalls als Waffe, um Blattläuse einzuschüchtern. Der Salbei hält so Raupen, Schnecken oder den Kohlweißling fern und wird aus diesem Grund in einigen Biogärten erfolgreich als natürliche Abwehr eingesetzt. Besonders Schnecken mögen das Aroma des Krauts nicht. Hier sind es vor allem Stoffe wie die Thujone, die so abschreckend wirken. Thujone, farblose Bestandteile von ätherischen Ölen mit einem mentholartigen Geruch, sind auch im Thymian, in Wermut (!), Rainfarn, Rosmarin oder Beifuß enthalten. Einst wurden die Thujone aus den Pflanzen extrahiert, um Absinth herzustellen. Und weil Thujon ein Nervengift ist und in höherer Dosierung Verwirrtheit bis hin zu epileptischen Anfällen auslösen kann, wurde der Thujongehalt in alkoholischen Getränken begrenzt. Insekten und anderes Getier brauchten dafür keine wissenschaftlichen Analysen, sie straften die Pflanzen seit jeher mit Verachtung – weshalb sie noch heute existent sind.

Auch andere Pflanzen drohen mit giftigen Inhaltsstoffen. Und wer einmal in Versuchung gerät, wird es kaum ein zweites Mal probieren. Das Insekt in Gestalt eines Fressfeindes ist dann nämlich verletzt oder gar tot. Mit diesen harten Bandagen arbeiten Wurmfarn, Maiglöckchen oder der Salomonsiegel, auch Wohlriechender Weißwurz genannt. Mit Erfolg.

Mehltau ist auch so eine Sache, die man nicht im Garten haben will. Von dieser Pilzerkrankung, die sich gern bei Trockenheit und Wärme ausbreitet – Mehltau wird deshalb auch als Schön-

Ein sommerlicher Blick in unseren Gemüsegarten

152

wetterpilz bezeichnet –, werden Rosen, Astern, Gurken, Möhren oder Stachelbeeren befallen, erkennbar an einem mehligen Belag auf den Blättern, dessen Weiß später eine bräunliche Färbung annimmt. Normalerweise ziehen Pilze große Feuchtigkeit vor, doch der Mehltau entwickelt sich bei großer Hitze. Leiden Ihre Pflanzen unter Mehltau, versuchen Sie einmal Kerbel, Knoblauch oder Schnittlauch in unmittelbarer Nähe anzusiedeln. Durch dieses gezielte Vorgehen können Sie den Mehltau zwar nicht völlig verbannen, ihn aber immerhin eindämmen. Sie können auch Wasser mit Milch mischen – ein Teil Milch auf sechs Teile Wasser – und die betroffenen Pflanzenteile damit einsprühen.

Habe ich Mehltau und Rosenrost an meinen Rosen, greife ich zu einem Sud aus Knoblauch und Zwiebeln. Dafür schneide ich eine große Knoblauchknolle und eine kleine Zwiebel klein und köchele alles etwa 20 Minuten in einem Liter Wasser. Anschließend verdünne ich das dann auf fünf Liter und behandle damit regelmäßig meine Pflanzen. Der hohe Schwefelanteil aus Knoblauch und Zwiebel sorgt dafür, dass diese Pilze nicht ausbrechen. So natürlich und günstig können Sie kaum sonst Ihre Pflanzen stärken.

Wer im Gemüsegarten an verschiedenen Stellen Zwiebeln oder Schnittlauch pflanzt, nicht nur in einer bestimmten Reihe, wappnet seine Pflanzen gegen Milben und Blattläuse. Das Basilikum kann ich im Vorbeigehen schon riechen, an sonnigen Tagen verströmen die Kräuter ihre unverwechselbaren Düfte. Herrlich! Aber es gibt Insekten, die den Geruch von Basilikum als äußerst unangenehm empfinden. Sie können ihn einfach nicht ausstehen, darunter sind so lästige Gesellen wie Fliegen oder Stechmücken (Basilikum auf der Terrasse zu halten, kann ich nur empfehlen). Dill wiederum treibt ebenfalls Blattläuse und Milben in die Flucht, nicht anders als Knoblauch. Salbei und Rosmarin werden von Kohlmotten und Möhrenfliegen links liegengelas-

sen, dafür locken ihre Blüten bestäubende Insekten wie Bienen in den Garten. Auch die Pfefferminze hat einen Duft, bei dem Ameisen, Kohlmotten und Blattläuse die Nase rümpfen und das Weite suchen. Da sich die Minze aber über Ausläufer fortpflanzt, sollte man sie besser nicht in die Erde setzen, sondern in Töpfen zwischen die Gemüsepflanzen stellen. Die Kapuzinerkresse wiederum zieht Blattläuse an – und hält sie somit von den umliegenden Pflanzen fern.

Die Zusammensetzung der Inhaltsstoffe ist in den einzelnen Kräutern sehr unterschiedlich. Am richtigen Standort entwickeln sie sich prächtig, wobei Sie nicht zu viel düngen sollten, das schadet ihnen nur. Sollte die Kräutersaison mal verregnet sein, werden Duft und Geschmack nur ein schwacher Abklatsch vom tatsächlichen sein. Mönche in rauen Klimazonen haben das gewusst, weshalb sie ihre Kräuter einst direkt hinter dicken, schützenden Klostermauern zogen. So manch kalter Wind wurde auf diese Weise von den Kräutern abgehalten, und schien die Sonne, gaben die Steine nachts zusätzliche Wärme ab.

Wer einen naturnahen Kräutergarten anlegen will, sollte also auf die künstliche Begrenzung durch den Kräuterbogen verzichten. Doch muss man auch hier regulierend eingreifen, denn einige Kräuter würden untergehen, weil sich die stärksten behaupten und sie die schwächeren schnell überwachsen würden. Zum naturnahen Kräutergarten gehört aber auch eine verwilderte Ecke mit Brennnesseln, Scharbockskraut, Löwenzahn, Wermut, Johanniskraut und Kamille, die sich dort ungezwungen vermehren dürfen. Diese Wildkrautecken brauchen nur gelegentlich Betreuung, um dort mal auszulichten und zu ernten. Oft gibt es hier plötzlich vorwitzige Zuwanderer – jeder kann dabei selbst entscheiden, ob diese bleiben oder weichen sollen. Ich habe mich für die etwas unordentliche Variante entschieden – wobei: Einige meiner Nachbarn hätten da wohl eine andere Perspektive.

Neben dem ziemlich großen Kräuterbogen, immerhin hat mein Garten eine Größe von 5000 Quadratmetern, wollte ich aber am Ende doch noch einen zweiten, deutlich abgesteckten Bogen haben. Genügend Platz hatte ich ja, um auch einen solchen anzulegen. Keine Pflanze musste dafür weichen, schnell fand ich ein freies Plätzchen, wo kein Kirsch- oder Pflaumenbaum Schatten warf. Der Bogen sollte natürlich auch wie ein Bogen ausschauen, nicht wie eine Banane, eher wie ein halbes Herz. Etwa 3 bis 4 Meter in der Länge. Die Rundung sollte der höchste Punkt werden. Nachdem die Fläche abgesteckt war, grub ich den unteren Boden einmal durch, um ihn zu lockern.

Nicht weit von Börßum liegt Bad Harzburg, und ein wenig hinter dem schönen Harzstädtchen befindet sich ein Steinbruch, aus dem ich mir passende Steine für die Umrandung meines Kräuterbogens holte, grauen Granit mit weißen Einschlüssen. Eigentlich wird der Harzburger Gabbro – so nennt sich der Stein – wegen seiner Festigkeit und hervorragenden Frostbeständigkeit für den Straßenbau als Splitt und Schotter verwendet. Aber auch für meine Zwecke war er hervorragend geeignet, außerdem sehr günstig, wenn man bedachte, dass ich dafür nur einen Anhänger ans Auto kuppelte und los zum Steinbruch fuhr. Als ich den Anhänger ordentlich gefüllt hatte, waren bestimmt 2 Tonnen zusammengekommen, das sollte für den Kräuterbogen reichen. Ein wenig Arbeit war das schon, die Steine mit den eigenen Händen auf den Hänger zu wuchten, denn zu Hause musste ich sie ja wieder runterbefördern. Jeder Stein musste zweimal angepackt werden. Dafür bezahlte ich für den Harzburger Gabbro aber nicht mal 50 Euro.

In meinem Garten wuchtete ich die Steine dann rings um den markierten Bogen. Anschließend folgte eine gewisse Puzzlearbeit, denn die Steine stapelte ich nun mit ein wenig Erde dazwischen übereinander – mauern ohne Mörtel. Ich mauerte dann von Osten nach Westen, wobei im Osten die flache Pflanzfläche anfing und zum Westen hin immer höher wurde. In der flachen Zone, also im Osten, sollte der Füllboden nährstoffreich sein, angereichert mit viel Kompost. Je weiter ich nach Westen und in die Höhe kam, desto stärker achtete ich darauf, dass der Füllboden magerer und gut wasserdurchlässig wurde. Im Osten pflanzte ich dann die heimischen Küchenkräuter, die viel Nährstoffe vertragen: Petersilie, Pfefferminze, Sauerampfer und Schnittlauch. Wobei ich auch hier die Pfefferminze in einen Extratontopf steckte, um sie ein wenig im Zaum zu halten. Hätte ich das nicht gemacht, wäre mein Kräuterbogen über kurz oder lang von ihr überwuchert worden.

Leicht ansteigend erreichte mein Bogen am Ende eine Höhe von 60 Zentimetern. Auf halber Höhe sollten Majoran, Salbei und Maggikraut gedeihen, ganz oben Basilikum. Da wir in der Küche viel Basilikum verwenden, haben wir sie zu unserer Hauptgewürzpflanze erkoren. Zudem legte ich zwischen die einzelnen Basilikumpflanzen weitere Steine, damit sie sich – ganz nach alter Klostertradition – am Tage durch die Sonneneinstrahlung aufwärmten und die Wärme in der Nacht abgaben. Unser Basilikum sollte es schön kuschelig haben.

Für den Bogen brauchte ich nicht mal einen Tag. Und danach war es eine große Freude, zu sehen, wie die Blüten der Kräuter von Bienen, Hummeln und Schmetterlingen wie magisch angeflogen wurden. Sie tummelten sich auf den himmelblauen Blüten des Borretsches, dem lila-rosa blühenden Thymian, auf den nahezu unscheinbaren Blüten der Zitronenmelisse. Aber auch andere Insekten und Käfer erfüllen seitdem die Kräuterbeete mit reichlich Leben. Da die Wild- und Wiesenkräuter in der Natur immer weniger werden, ist das kleine Kräuterbeet wie eine Oase, die zur Artenvielfalt der Insekten beiträgt.

Besitzen auch Sie eine solche Kräuteroase, so achten Sie möglichst darauf, dass nicht alle Kräuter vollkommen abgeerntet werden. Opfern Sie einen Teil Ihrer Ernte, damit die Blüten weiterblühen können. Schwebfliegen, Florfliegen und Schlupfwespen finden hier Nahrung, und die befruchteten Weibchen gehen dann für Sie auf Schädlingsjagd. Schwebfliegen beispielsweise sind nicht nur Bestäuber speziell von Doldengewächsen, die Larven sind auch große Blattlausvertilger – eine einzige Larve kann bis zu 700 Blatt- oder Blutläuse innerhalb von vierzehn Tagen äußerst gründlich zerkleinern. Und da Schwebfliegendamen mehrere hundert Eier an Blattlauskolonien ablegen, kann man sich gut vorstellen, wie wichtig sie zur Bekämpfung von Blattlausplagen sind. Schwebfliegenlarven werden deshalb auch zur biologischen Schädlingsbekämpfung eingesetzt, der Versandhandel bietet ihre Eier an – mit Blattläusen als Reiseproviant, falls unterwegs schon Larven schlüpfen sollten. Bei einem derar-

157

Mit den Augen hat jeder den Durchblick, hier aber nur die Schwebfliege.

tigen Einsatz sollte man nur wissen, dass die kriechenden Larven an stark behaarten Pflanzen wie Tomaten oder Gurken überfordert sind; sie kommen hier nicht richtig voran, bleiben zwischen den Blatthärchen stecken. Bei diesen Gemüsesorten kommen besser Marienkäfer- oder Florfliegenlarven zum Einsatz.

Überhaupt, sie ist so eine herrlich elegante Fliegerin, die Späte Großstirnschwebfliege *(Scaeva pyrastri)*, eine echte Flugkünstlerin. Mit bis zu 300 Flügelschlägen in der Sekunde segelt sie durch die Lüfte. Wie ein Kolibri bleibt sie in der Luft stehen, wechselt dann blitzartig die Richtung, mal vorwärts, mal rückwärts, mal seitwärts. Und noch etwas Kurioses: Kaum zu glauben, aber diese millimetergroßen Insekten mit den Hinterleibsflecken machen sich im Herbst auf in Richtung Süden, um dort zu überwintern. Dabei werden die Alpen überquert. Im Frühjahr kehren die Langstreckenflieger dann wieder zurück. Wahnsinn!

Mein Tipp: Die meisten mediterranen Kräuter benötigen viel Sonne und wenig Stickstoff, nur so können sie ihre Würze entfalten. Gedeihen sie nicht so richtig, fehlt es ihnen an Nährstoffen. Etwas Grünkompost oder eine Ladung mit selbsthergestelltem Brennnesseldünger wirkt wahre Wunder (siehe Seite 169). Ich pflanze auch nur winterharte Kräuter, damit ich nicht so viel Arbeit mit meinem Bogen habe. Leider ist das Basilikum nicht winterhart, da werde ich nicht drum herumkommen, es jedes Jahr neu zu pflanzen.

Die Larven der Gemeinen Garten-Schwebfliege sind verdammt hungrig und fressen bis zu 150 Blattläuse am Tag.

Wichtig beim Gärtnern ist, immer positiv zu denken. Denken Sie nicht: Was muss ich mit meinen Pflanzen tun, wenn sie krank sind? Stattdessen sollten Sie überlegen, was Sie zur Stärkung Ihrer Pflanzen beitragen können, damit sie gar nicht erst krank werden. Das betrifft auch die Kräuter.

Die richtige Pflanzenwahl ist da die Basis. In Deutschland kultivierte Kräuter sind abgehärteter, was unser Klima betrifft, als die südländischen. Ein Gang zum Staudengärtner, der bei der Auswahl hilft, lohnt sich. Auch eine große Vielfalt beugt im Kräutergarten Krankheiten vor. Bei ein- oder zweijährigen Kräutern wie der Petersilie sollte man immer mal wieder den Standort wechseln, um die Erde nicht einseitig zu belasten. Auch ein unüberlegtes Durcheinander im Beet kann nach hinten losgehen. Denn selbst unter den Kräutern gibt es welche, die eine unmittelbare Nachbarschaft ablehnen, auch sie können sich nicht wirklich riechen. So stehen sich Zitronenmelisse und Basilikum skeptisch gegenüber. Es gibt aber auch noch andere Feindespärchen:

- Kümmel und Fenchel
- Pfefferminze und Kamille
- Petersilie und Salat
- Dill und Estragon
- Wermut mag fast keine Pflanze, darum sollte er einen eigenen Platz bekommen, wie auch das stark wachsende Maggikraut

Problemkind Nummer eins ist oft die Petersilie. Die grünen, schmackhaften Blätter, die gestern noch eine Augenweide waren, werden gleichsam über Nacht gelb. Wieso? Was ist da passiert? Und dann lässt sich die Pflanze auch noch ohne Widerstand aus dem Boden ziehen. Die Wurzeln sind zerfressen, was für ein Är-

Unsere Hühner haben immer ein gutes Auge, wenn es um Insekten geht.

ger. Schuld sind Nematoden, Fadenwürmer. Sie verursachen die «Petersilienkrankheit», mit bloßem Auge sind sie kaum zu erkennen. Nicht alle Nematoden sind gemein zu Pflanzen, doch in diesem Fall waren die Bösewichte am Werk. Die Würmer dringen in die Wurzeln ein und verursachen die Wurzelfäule. Aber nicht immer sind es die Nematoden, die dieses Krankheitsbild verursachen, auch Maden der Möhrenfliege können die Übeltäter sein. Sie fressen sich Gänge in die Wurzeln und sorgen so dafür, dass die Petersilie welkt. Kann den Pflanzen dann noch geholfen werden? Nicht immer, nicht unbedingt noch in dem Jahr, in dem die Krankheit auftritt. Aber einen Versuch ist es wert, bevor Sie neue Kräuter kaufen.

Säen Sie auf den befallenen Flächen Tagetes oder Ringelblumen aus. Die Wurzelausscheidungen dieser Blumen vertreiben die Älchen, wie die Fadenwürmer auch genannt werden, und im nächsten Jahr sollte der Petersilienernte nichts mehr im Weg stehen. Eine gemeinsame Bepflanzung der Fläche mit Petersilie und Tagetes hilft vorbeugend. Und gegen die Möhrenfliege hilft eine Pflanzung mit Schnittlauch, neben eine Reihe mit Petersilie sollten Sie also Schnittlauch setzen. Vorbeugend wirkt auch ein Tee aus Wermut oder Rainfarn (siehe Seite 169), der mehrmals über die Pflanzen gesprüht wird. Und auch hier gilt: Hin und wieder den Standort der Petersilie wechseln!

Und der Dill macht tatsächlich manchmal, was er will. Seine langen Pfahlwurzeln reagieren oft empfindlich. Am liebsten steht er mit den Füßen im feuchten Schatten und mit dem Kopf in der Sonne. Besonders gut gedeiht er deshalb in unserem Gurkenbeet. Bestens schattiert durch die großen Gurkenblätter, kann er seine Blüten über den Blättern im Sonnenlicht entfalten.

INVASION DER ERDFLÖHE

Im Sommer 2019 gab es eine Invasion von Erdflöhen bei uns im Garten. Kapuzinerkresse, Blumenkohl, Weißkohl – gefühlt machten sie vor nichts halt. Millionen der kleinen Springer, die nicht größer als 4 Millimeter werden, ließen sich meine Pflanzen schmecken. Diese verfressenen Viecher lieben trockene Böden, weshalb ihrer Vermehrung in den letzten Sommern kaum etwas im Wege stand. Hier half nur, den Boden zu lockern, die Flächen zu mulchen (also mit unverrotteten organischen Materialien zu bedecken) und zu versuchen, den Boden feucht zu halten. Nebenbei arbeitete ich noch Neemschrot in den Boden ein (Extrakte aus den Kernen des indischen Neembaums, die sich bei der Abwehr von über 200 Insekten und Milben als wirksam erwiesen haben; im Internet zu bestellen oder in Gartenmärkten zu kaufen). Zu guter Letzt legte ich einige Ginsterzweige zwischen die stark gefährdeten Kohlpflanzen. All diese Maßnahmen zusammen ließen die Erdflohpopulation auf eine erträgliche Größe zusammenschrumpfen.

DIE NACKTSCHNECKE ZUR SCHNECKE MACHEN

Bei Schnecken wie der Spanischen Wegschnecke *(Arion vulgaris)*, die nackt und fressend durch die Gartenbeete wandern, hört bei vielen noch so hartgesottenen Biogärtnern die Freundschaft auf. Es gibt kaum Orte, wo sie nicht ihrem gefräßigen Tagewerk nachkommen, und manchmal kann einem wirklich die Lust am Gärtnern vergehen, wenn man die abgefressenen, zerlöcherten Blätter und Stängel betrachtet, dazu die eklige schleimige Spur, die ganze Salatköpfe überzieht.

Gerade die zarten Gemüsepflanzen oder die jungen Keimblätter der Küchenkräuter sind besonders beliebt bei diesen gehäuselosen Tierchen. Nicht jedes Jahr treten sie in gleich großer Zahl auf, denn sind die Sommer zu heiß, ist ihr Bedürfnis, Eier abzulegen, ziemlich erlahmt. Aber in feuchteren Jahren können sie mit ihrem Nachwuchs zu einer wahren biblischen Plage werden. Da gibt es kaum eine Pflanze, die sie nicht anknabbern. Kein schöner Anblick, und so mancher Gärtner möchte dann in seiner Verzweiflung am liebsten jede noch gesunde Pflanze ausreißen, um diese vor dem Schleimschicksal zu retten. Doch so weit muss es nicht kommen. Stellt sich nun die Frage: Was können Sie tun, wenn Sie in keinem Fall zum Schneckenkorn greifen wollen?

Eine gute Möglichkeit besteht darin, den natürlichen Feinden der Nacktschnecken einen Raum im Garten zu geben. Erstes Gebot ist auch hier: Artenvielfalt. Igel und Spitzmäuse fressen zahlreiche Schnecken. Nur finden sich natürliche Feinde wie Igel und Spitzmäuse nicht immer auf Bestellung im eigenen Garten ein.

Dabei sollte jeder, der sie bei sich im Garten entdeckt, alles tun, damit sie auch bleiben, denn die Spitzmaus sorgt zudem für Ordnung um den Komposthaufen herum, vertilgt Engerlinge, Schnecken und Fliegenmaden. Und der Igel macht sich nachts auf Nahrungssuche, gerade die Schnecken am Boden schmatzt er eine nach der anderen weg. Wenn Sie ihm ein schönes Zuhause bieten, bleibt er über Jahre bei Ihnen, denn Igel sind standorttreu.

Nun gut, wenn Sie nun weder das Fiepen der Spitzmäuse noch das Schmatzen des Igels hören, so können Sie es mit der bewährten Bierfalle versuchen. Dazu nehmen Sie Marmeladen- oder andere schmale Gläser, graben diese in die Erde ein und füllen sie so hoch mit Bier (die Marke überlasse ich Ihnen), dass die Schnecken nicht unbedingt darin ertrinken (also: geringer Bierpegel). Wir wollen sie ja nicht töten. Dann stülpen Sie leere Margarinebecher über die Gläser, in die Sie zuvor mehrere Eingänge geschnitten haben. So haben Sie ein Dach über der Bierfalle, wodurch verhindert wird, dass das Bier bei Regen verwässert.

Um die Falle herum sollte es einen Rand von 0,5 Zentimetern geben, sodass nicht andere kleine Krabbler, die gerade unterwegs sind und verträumt wie Hanns Guck-in-die-Luft über eine leckere Speise nachdenken, unversehens dort hineinplumpsen und ihr Leben so beenden. Der Biergeruch zieht die Schnecken jedenfalls magisch an, sodass sie gar nicht anders können, als in den Behälter zu schleimen. Nacktschnecken aller Größen werden durch das Hopfengetränk in solcherlei selbstgebaute Bierkneipen gelockt. Diese Trinker! Nur kommen sie leider nicht mehr raus, kein Wirt wirft sie vor die Tür, wenn sie genug haben und die Bar schließt. Zu Ihrem Vorteil: Die biersüffigen Schnecken können Sie dann irgendwo anders aussetzen. Vielleicht nicht unbedingt in Nachbars Garten, auch wenn Ihnen gerade danach ist ...

Weiterhin hilft das Auslegen von leicht schräg gestellten Holzbrettern, unter ihnen verstecken sich Schnecken gerne am Tage, weil es darunter feucht und kühl ist. Regelmäßiges Kontrollieren und Absammeln ist unerlässlich. Ich selbst mulche meine Jungpflanzenbeete sehr erfolgreich mit Blättern vom Wurmfarn. Und: Kennen Sie den Großen Tigerschnegel *(Limax maximus)*? Er ernährt sich ausschließlich von abgestorbenen Pflanzen sowie von Maden, Larven, Insekten und den Eiern der Spanischen Wegschnecke. Sollte Ihnen also einmal ein Tigerschnegel über den Weg schleimen – eine Nacktschnecke im Leopardenmuster –, freuen Sie sich über diesen gefleckten Helfer. Es ist Ihr starker Verbündeter!

Oder Sie können es auch auf folgende Art versuchen: Gibt es viele Nacktschnecken (eigentlich gibt es immer viel zu viele von ihnen), richte ich im Garten Futterstellen ein und locke sie damit von unserem Gemüse weg. Wenn das nicht wirkt, weil ihnen der Weg zum Futterplatz viel zu unbequem ist und sie köstliches Fressen ja direkt vor ihren Fühlern haben, lege ich zwischen meinem Gemüse Wurmfarn aus. Sobald Nacktschnecken auf Wurmfarn stoßen, wird ihnen signalisiert: «Das Zeug ist giftig, bloß weg hier!» Und schon machen sie einen großen Bogen um den Farn – und um das Gemüse. Aber auch hier muss man akzeptieren, dass, wie bei allen natürlichen Mitteln, die man im Garten einsetzt, diese Barriere nie hundertprozentig funktioniert. Sie wirkt nur zu 60 bis 80 Prozent. Was heißt: Wenn Sie einen chemiefreien Garten haben wollen, müssen Sie auch bereit sein, immer etwas an die Natur abzugeben.

Also, überlegen Sie noch mal, ob Sie mit der Chemiekeule Schneckenkorn gleich gegen alle Schnecken in den Krieg ziehen wollen. Es gibt Alternativen. In letzter Instanz können Sie ein Bioschneckenkorn nutzen, das ohne chemische Wirkstoffe auskommt.

STAUDENSPAß OHNE SCHNECKENFRAß

Es gibt einige Stauden, die für Schnecken ein No-Go sind. Falls Sie sich nicht ärgern wollen, empfehle ich Ihnen diese für einen entspannten Garten:

1. Schafgarben *(Achillea)* sind Korbblütler, die bis zu 80 Zentimeter hoch werden und von Juni bis September blühen. Sie sind sehr robust, mehrjährig und in verschiedenen Farben zu bekommen, in Gelb, Weiß und Rosa. Die Sorte ‹Terracotta› ist besonders schön, sie blüht in einem herrlichen rotbraunorangefarbenen Ton. Schafgarben eignen sich auch als Schnittblumen und für Trockensträuße. Sie lieben einen Standort in sonniger Lage mit einem durchlässigen, humosen Gartenboden. Die großen farbigen Blüten sind eine wichtige Bienenweide und auch einladend für viele andere Gartenbewohner.

2. Eine blühfreudige und dankbare Staude ist auch die Myrten-Aster *(Aster ericoides)*, die trotz ihrer 100 Zentimeter langen Stiele ziemlich standfest ist. Sie fällt nicht gleich beim ersten Wind in die Beete. Ihre Blüten, die einen überreichen Teppich bilden, leuchten von September bis Oktober in Pink, Weiß, Blau und Lila – sie sind auch ein schmackhaftes Insektenfutter für den Herbst. Ursprünglich stammt die Myrten-Aster aus den Pyrenäen, deshalb bevorzugt sie einen trockenen, durchlässigen Boden ohne Staunässe.

3. Der Kleine Frauenmantel *(Alchemilla erythropoda)* ist nicht so starkwüchsig wie der geläufigere Großblättrige Frauenmantel *(Alchemilla mollis)*, er bleibt eher kompakt und sät sich – wenn überhaupt – nur wenig aus. Er bevorzugt einen sonnigen bis halbschattigen Standort und kommt auf leicht humosen wie auch auf sandigen oder steinigen

Die Goldwespe macht sich hungrig über die Herbstaster her.

Untergründen gut zurecht. Der Kleine Frauenmantel passt sehr gut in eine Steingartenanlage oder in den Pflanzbereich von Trockenmauern, als Bodendecker oder als klein bleibende Blütenstaude im vorderen Bereich einer gemischten Staudenbepflanzung.

Wie der Großblättrige Frauenmantel ist auch der Kleine Frauenmantel mehrjährig, winterhart und eine wertvolle Bienenweide mit Wildstaudencharakter.

4. Eine ebenfalls ausdauernde und langlebige heimische Blütenstaude ist der Blut-Storchschnabel *(Geranium sanguineum)*, und eine tolle Bienenweide ist er zudem. Er liebt einen sonnigen bis leicht halbschattigen Standort und fühlt sich auch auf relativ trockenen Gartenböden nicht unwohl.

Die schönen purpurroten Blüten erscheinen über den ganzen Sommer an der pflegeleichten Staude. Die sommergrünen Blätter haben im Herbst eine schöne Färbung. Sie können den Blut-Storchschnabel als robuste und blütenreiche Rabattenstaude nehmen, aber auch als pflegeleichten Flächenbegrüner und Rosenbegleiter. Passt ebenso perfekt in natürliche Bepflanzungen.

5. Die Kissenaster ‹Herbstpurzel› (*Aster dumosus* ‹Herbstpurzel›) ist eine dichte und klein bleibende Staude (sie wächst nur 25 Zentimeter hoch). Wenn die Sorte ‹Herbstpurzel› ihre violett-blauen Blüten aufblühen lässt, ist der Herbst nicht mehr weit. Sie favorisiert sonnige Standorte, ist aber auch nicht eingeschnappt, wenn sie Schatten abbekommt.

6. Die hellgelben Blüten der mehrjährigen Steppen-Wolfsmilch *(Euphorbia seguieriana ssp. niciciana)* erscheinen im Frühsommer und stehen über blaugrünem, nadelartigem Laub. Durch ihren lockeren Aufbau neigt diese Staude leicht zum Umfallen, daher ist ein nährstoffarmer, durchlässiger Boden von Vorteil. Die Pflege beschränkt sich auf einen kräftigen Rückschnitt im Frühjahr, damit die Blütenstände im Winter noch ihre Struktur behalten. Wenn ihr der Standort zusagt und wir der Steppen-Wolfsmilch etwas Zeit geben, wird sie zu einer tollen Blütenpflanze im Blumenbeet. Und bienenfreundlich ist sie auch noch.

7. Die leuchtend gelben Blüten der Goldruten-Sorte *Solidago cultorum* ‹Goldenmosa› erinnern mich immer an Mimosen, doch sind sie keinesfalls so empfindlich wie diese. Die 60 Zentimeter hoch werdende Staude ist robust und anspruchslos, die Blütezeit von August bis September. Früher war sie häufig in Bauerngärten zu finden, das könnten wir wieder einführen. Sie ist eine echte Bereicherung in Staudengärten und ein wahrer Bienenmagnet.

ALLESKÖNNER BRENNNESSELJAUCHE
UND RAINFARNSUD

Unsere angelegte Blumenwiese zeigt jetzt im Juni erste Blüten. Die Nachbarwiese dagegen wird zum ersten Mal gemäht, und zwar mit dem Balkenmäher. Das Schnittgut verarbeite ich zu Heu – Futter für unsere Hasen, denn der nächste Winter kommt bestimmt.

Und jetzt ist auch meine Brennnesseljauche fertig. Mein Wundermittel. Ein perfekter Dünger. Noch dazu einfach herzustellen, auch wenn es ein wenig streng riecht. Vor vier Wochen habe ich die ersten Brennnesseln geschnitten (natürlich mit Handschuhen) und eine Regentonne zur Hälfte mit dem Schnittgut gefüllt. Anschließend wurde die Tonne mit mineralarmem Regenwasser aufgefüllt, sodass sämtliche Pflanzenteile mit Wasser bedeckt waren. Anschließend verschloss ich alles mit einem Deckel.

Lümmel und Molly sind so groß wie kleine Hunde. Unsere flauschigen Familienmitglieder genießen ihr Leben und verspeisen alle Gemüsereste, aber auch gern ganze Wurzeln.

Aber den bitte nicht fest aufpressen, sondern eher locker auflegen. Wer keinen Deckel hat, kann einen Jutesack nehmen. Eine gewisse Luftdurchlässigkeit ist jedenfalls wichtig, damit die aufsteigenden Gase entweichen können.

Regelmäßig, meist täglich, rührte ich das Ganze während des Gärungsprozesses mit einem Holzstab um. Wer den Geruch nicht gut aushält, kann ihn mit der Zugabe von Gesteinsmehl binden, auch etwas Lehmerde oder Kompost kann da hilfreich sein. Jetzt ist daraus eine klare Flüssigkeit entstanden, keine Blasen steigen mehr auf, und diesen natürlichen Flüssigdünger verteile ich nun mit einer Gießkanne oder einer Sprühflasche im Verhältnis 1:10 im Garten. Man sollte jedoch nicht vergessen, den Sud vor der Anwendung durch ein Sieb zu filtern. Die gesammelten Pflanzenreste können Sie auf den Kompost geben oder als Mulch für

Die Brennnesseln dürfen bei den Taglilien bleiben.

Ihre Beete verwenden. Die Extraportion Kali sorgt für besonders knackiges Gemüse.

Bei meinen täglichen Rundgängen durch den Garten werden alle Pflanzen genau inspiziert. Die Rosen sehen besonders schön aus, nirgends ein Befall, meine Pflanzenstärkung aus Ackerschachtelhalm und Rainfarn hat sich hier bewährt, wöchentlich werde ich sie weiterhin mit diesem Sud besprühen.

Den Rainfarn *(Tanatecum vulgare)* sammele ich vorzugsweise ab Juni, dann sieht man ihn gelb blühend an den Straßenrändern, zwischen Steinfugen an Schuttplätzen, mein zweitliebstes Kraut für meine Pflanzenapotheke. Rainfarn ist ein idealer biologischer Pflanzenschutz, auf den Sie nicht verzichten sollten, mit ihm sind Sie wie bei der Brennnessel im Einklang mit der Natur. Sein Name ist etwas irritierend, denn mit einem Farn hat das Kraut überhaupt nichts zu tun. Der Rainfarn gehört zu den Korbblütlern, seine Bezeichnung hat er sicherlich durch seinen bevorzugten Standort an Wegrainen, und seine Blätter ähneln schon ein wenig den von Farnen. Er ist leicht giftig, aber wie bei vielen Giftpflanzen hat eine geringe Dosierung eine heilende Wirkung. Ich rate allerdings dringend sowohl von einer innerlichen als auch äußerlichen Anwendung ab, denn es kann bei einer falschen Dosierung zu Vergiftungen kommen, auch zu Hautreizungen und allergischen Reaktionen.

Früher als Wurmkraut bekannt, wurde der Rainfarn, wie schon der alte Name verrät, gegen Würmer eingesetzt, aber auch als universelles Hausmittel, um Wanzen, Flöhen, Motten und Läusen in den Räumen, im Bett oder am Körper die Rote Karte zu zeigen. All diese Störenfriede stehen überhaupt nicht auf den Geruch, den der Rainfarn ausströmt. Als Heilmittel wird er heute nur noch in der professionellen Aromatherapie eingesetzt (er enthält viele ätherische Öle), dafür aber immer noch als Insektizid. Denn in unserem Garten leistet er uns hervorragende Dienste.

Unsere wilde Ecke im Garten, Ruheplatz für allerlei Getier

Rainfarn vertreibt alle saugenden (Blattläuse, Weiße Fliegen), aber auch alle beißenden Insekten (Raupen) und wirkt gegen den Mehltau, jene weitverbreitete Pilzerkrankung bei Nutz- und Zierpflanzen. Ganz bekannt ist seine Anwendung an Kartoffeln gegen den Kartoffelkäfer. Die stark duftenden ätherischen Öle sind auch hier wieder dafür verantwortlich, dass ein allgemeines Wendemanöver bei den Schädlingen stattfindet.

Um den Sud herzustellen, benötigt man getrockneten Rainfarn. Man kann ihn in freier Natur sammeln oder im eigenen Garten pflanzen. Nehmen Sie dazu 300 Gramm frische oder 30 Gramm getrocknete Blätter und Blüten, die Sie von den Stielen abstreifen. Die Pflanzenteile kochen Sie kurz mit einem Liter Wasser in einem Topf auf, danach lassen Sie alles mindestens eine Stunde ziehen. Ist die um, geben Sie den abgekühlten Sud durch ein Sieb. Zum Aufbewahren eignet sich ein Einwegglas, in ihm hält sich der Sud über Monate.

Für die Anwendung wird der hochkonzentrierte Sud mit Wasser gemischt. Das Verhältnis ist je nach Stärke des Befalls unterschiedlich. Bei geringerem Befall reicht ein Verhältnis von 1:10 (ein Teil Sud auf zehn Teile Wasser) aus. Bei einem stärkeren Befall ist ein Verhältnis von 1:6 oder sogar 1:5 empfehlenswert. Die Lösung in eine Sprühflasche füllen und die befallenen Pflanzen damit besprühen. Selbst in den kalten Monaten kann der Sud mit einem Schuss Rapsöl (10 Milliliter auf 1 Liter) gegen überwinternde Schädlinge und Eier angewendet werden.

Mein Tipp: Den Rainfarnsud können Sie auch mit einem Sud aus Ackerschachtelhalm mischen, das macht die Pflanzen besonders widerstandsfähig und nicht so anfällig für Pilzkrankheiten. Dazu werden 200 Gramm frischer oder 20 Gramm getrockneter Ackerschachtelhalm benötigt, den man 24 Stunden in 1 Liter Wasser einweicht. Danach alles 20 bis 30 Minuten leicht köcheln lassen und verdünnt im Verhältnis 1:10 mit dem Rainfarnsud zu einem effektiven Schutzcocktail mischen.

Der Rainfarn ist, wenn Sie sich zum Sammeln auf den Weg machen, leicht zu erkennen. Die stark wuchernde, krautige Pflanze kann eine Höhe von bis zu 150 Zentimetern erreichen. Die Wurzeln reichen weit in die Tiefe, bis 90 Zentimeter kann es da schon gehen. Der Rainfarn ist eine sogenannte Kompasspflanze, seine Blätter richten sich im Sonnenlicht immer Richtung Süden. Die Blätter sind wechselständig angeordnet und wintergrün, der Stiel ist kantig und hat eine grünbraune Farbe. Die goldgelben Knopfblüten sind körbchenförmig angeordnet und blühen von Juni bis Oktober. Obwohl der Rainfarn in ganz Europa weit verbreitet ist, habe ich mich dafür entschieden, diese dekorative Pflanze in meinen Garten aufzunehmen. Da sie eine sehr gesellige Pflanze ist und nährstoffreichen feuchten Boden mag, überließ ich ihr einen Platz zwischen meinen Gemüsebeeten. Natürlich mit Sonne.

DREI FRAGEN ZUM NATÜRLICHEN PFLANZENSCHUTZ, DIE SIE BESTIMMT INTERESSIEREN:

1. *Sind natürliche Pflanzenschutzmittel aus Pflanzenextrakten immer harmlos?*
Nein. Meine Antwort fällt deshalb negativ aus, weil es in der Natur neben den harmlosen Heilmitteln auch zahlreiche starke Pflanzengifte gibt. Ob ein natürliches Mittel giftig oder heilsam ist, hängt im Wesentlichen von der verwendeten Menge ab, aber auch von der Art, wie man das Pflanzenschutzmittel zubereitet. Die Dosis macht das Gift.
2. *Lässt sich die Wirkung von natürlichen Pflanzenschutzmitteln überhaupt wissenschaftlich nachweisen?*
Ja. Die Wirksamkeit natürlicher Pflanzenschutzmittel ist in vielen Studien nachgewiesen, wobei es immer noch Details gibt, die weiterhin Rätsel aufgeben. Doch permanent kommen neue Erkenntnisse hinzu. Hierzu zählen auch aufgezeichnete Einzelerfahrungen – leider hat man mit ihrer sorgfältigen Dokumentation erst in den letzten Jahren angefangen. Für viele Wissenschaftler ist es ein schwieriger Lernprozess, in Alternativen zu denken. Ein Großteil der Forschung wird von der Chemieindustrie finanziert, völlig unabhängig können in diesem Bereich nur wenige Institute arbeiten.

3. *Sind die selbst hergestellten Pflanzenstärkungsmittel wirklich wirksam?*

Auch das kann ich nur mit einem eindeutigen Ja beantworten. Sicher, nicht immer klappt es sofort. Aber mit ein bisschen Übung und Erfahrung lassen sich die richtigen Mischungen ansetzen und mit Erfolg anwenden. Haben Sie Mut zum Ausprobieren. Doch wenn Sie sich nicht sicher fühlen, Zweifel haben, ob die eine oder andere Pflanze aufgrund ihrer eventuellen Giftigkeit Schaden anrichten könnte, sollten Sie sich nicht damit quälen, unbedingt selbst derartige Mittel herzustellen. Es ist völlig in Ordnung, wenn Sie zu anwendungsfertigen Substanzen greifen oder zu Konzentraten, die mit einer genauen Anleitung versehen sind. Hauptsache, Sie sorgen dafür, dass Ihre Pflanzen vor Kraft strotzen – und zwar ganz ohne Chemie. Der Fachhandel bietet ein umfangreiches Sortiment an Pflanzenschutzmitteln mit Wirkstoffen aus der Natur an, die effektiv, schnell und sicher bei der Genesung unserer Zimmer- und Gartenpflanzen helfen. Zum Beispiel Raps- oder Orangenöl oder ein aus den Kernen des Neembaums gewonnenes Pflanzenextrakt mit dem Namen Azadirachtin. Diese Mittel sind pflanzenverträglich und für den ökologischen Landbau geeignet.

Wenn man sich noch nicht wirklich gut auskennt, ist es wichtig, sich vorher umfassend zu informieren und die Verpackungshinweise zu lesen. Aber letztlich sind diese Mittel auch für Laien leicht zu dosieren.

Die Zukunft heißt also Pflanzenstärkung. Wer seine Pflanzen schützen möchte, achtet auf Prävention. So wie Sie Ihr Immunsystem schützen und stärken können, so können Sie dies auch bei pflanzlichen Organismen tun. Ich als Pflanzenarzt möchte jedenfalls nicht, dass meine geliebten Pflanzen von gefräßigen Raupen aufgefressen oder von Heerscharen von Wollläusen ausgesaugt werden. Und mit all meinen Maßnahmen, mit Brennnesseln, Rainfarn und Ackerschachtelhalm, komme ich gut über die Runden.

Manchmal reicht das aber nicht, dann kann man zu gekauften pflanzlichen Präparaten greifen. Im Krankheitsnotfall sollte man auf sie zurückgreifen, aber wirklich nur im Notfall. Diese pflanzlichen Präparate – und darauf ist unbedingt zu achten – sollten den Wirkstoff Pyrethrum enthalten, dieses natürliche «Gift» ist ungefährlich für Kinder, Haustiere und Bienen, hat aber leider den Nachteil, dass es beim Versprühen auch Nützlinge wie Marienkäferlarven tötet. Immerhin wird Pyrethrum schon nach sehr kurzer Zeit rückstandslos zersetzt. Handeln Sie also stets äußerst behutsam, denn Ihr Garten ist ein sensibler Bereich. Wenn Sie Pflanzenstärkungsmittel wie einen Brennnesselsud einsetzen, fördern Sie besser die Gesundheit Ihrer Pflanzen und erweisen Ihrem Garten und der Natur den besten Dienst. Jegliche Spritzmittel, und dazu gehören auch die biologischen, sollten – ich muss es wiederholen, da es mir so wichtig ist – immer ein Notbehelf bleiben.

Geben Sie diesen etwas anderen Mitteln in Ihrem Garten eine Chance. Meine Erfahrungen, was Wirksamkeit, Anwendung und Gesunderhaltung der Pflanzen betrifft, habe ich über Jahre zusammengetragen. Wesentlich für ein gesundes Pflanzenwachstum sind eine optimale Pflanzenernährung, ein richtiger Standort und eine vorbeugende pflanzenstärkende Behandlung. Die Anwendung meiner selbst hergestellten Mittel helfen mir dabei, meine Pflanzen vor Schäden durch so manche Plagegeister zu schützen. Ich bin aber auch bereit, der Natur ihren Teil zu überlassen. Was in der Konsequenz bedeutet, dass Schädlinge durch die Hausmittel nicht ausgerottet, sondern auf eine erträgliche Menge reduziert werden. Blattläuse & Co. dürfen meine Pflanzen in einem begrenzten Umfang als Wohnort benutzen, damit kommen sie klar. Und ich auch. Dass die Zusammensetzung meiner Mittel die Abwehrkräfte meiner Pflanzen stärkt, dieses Wissen reicht mir. Ich kann ebenso gut damit leben, dass meine Früchte nicht alle perfekt aussehen, mein Gemüse auch mal von der Norm abweicht.

WINTERHECKENZWIEBELN UND ANDERES

Obwohl wir ein blattlausstarkes Jahr haben, sind meine Pflanzen fit. Die Nützlinge sind vollauf damit beschäftigt, alles zu vertilgen. Silvia hat die Idee, die Tulpenzwiebeln aus dem Boden zu buddeln und trocken bis zum Herbst zu lagern. «Es ist jetzt genau die richtige Zeit dafür», sagt sie. Ich bin da anderer Meinung: «Ich finde, wir sollten sie im Boden lassen. So können sie selbst entscheiden, ob sie wiederkommen wollen oder nicht. Die Narzissen blühen auch jedes Jahr, obwohl wir die Zwiebeln nicht ausgraben. Wir müssen sie nicht einmal großartig bitten. Die Tulpen sollten sich die Narzissen zum Vorbild nehmen.»

Im Gemüsegarten ist richtig was los. Die kugeligen cremegelben Blüten unserer Winterheckenzwiebeln *(Allium fistulosum)* werden im Sekundentakt von Hummeln und Bienen angeflogen, es schaut aus, als wären wir auf dem Frankfurter Flughafen (wenn dort nicht gerade gestreikt wird). Holen Sie sich diese alte Zwiebelsorte in Ihren Garten – einmal gepflanzt (Ende September bis Anfang Oktober ist die beste Zeit, um Wintersteckzwie-

Winterheckenzwiebeln sind eine fast vergessene Gemüsesorte – lecker für Mensch und Insekt.

beln in den Boden zu bringen), überlebt die Zwiebel wie eine Staude mehrere Jahre. Früher war die Winterheckenzwiebel eine weitverbreitete Zwiebelsorte, leider hat sie zum Nachteil vieler Insekten an Bedeutung verloren. Zu Unrecht, wenn ich überlege, wie viele Gartenfreunde schon Ableger bei mir mitgenommen haben. Schon im März, noch vor dem Schnittlauch, schieben sich die dicken Schlotten – so heißen die röhrenartigen Blätter der Zwiebeln – aus dem Boden und können wie Schnittlauch oder Porree verwendet werden. Dieses gesunde Frühlingsgrün sollte in unserer Küche nicht verachtet werden.

Und wenn ich jetzt Ihr Interesse geweckt habe: Winterheckenzwiebeln gibt es als Samen oder vorgezogen im Topf. Auch als rote Variante kann man sie erwerben, sie ist im Geschmack etwas milder als die grüne Version. Beide Arten sind bis minus 20 Grad Celsius winterhart. In Töpfen gezogene Pflanzen sollten in einen sandigen, humosen Boden kommen. Schon nach wenigen Wochen kann das Laub ganzjährig geerntet werden. Wir ernten die Zwiebeln nie vollständig, denn wir wollen, dass sie blühen. Neben Hummeln und Bienen favorisieren auch Schmetterlinge, Schwebfliegen und sonstige Nektarliebhaber die hübschen Blüten: Wie gesagt, da läuft ein großes Spektakel ab. (Immerhin werden die Zwiebeln bis zu 80 Zentimeter hoch.)

Durch die rege Mithilfe der zahlreichen Besucher bilden die Blüten Samen, die sich leicht von den Köpfen abschütteln lassen. Sie können zur Neuaussaat zwischen März und Juli genutzt werden. Nach der Blüte treiben die Zwiebeln erneut und können abermals geerntet werden. Mit der Zeit bilden sich durch Bestockung mit Nebenzwiebeln dichte Horste, die wir ab und an teilen.

JULI

·······

LUST AUF SOMMER

Der Sommer ist nun im vollen Gange. Unsere Erdbeerpflanzen haben kräftige Ableger angesetzt. Silvia erntet sie, und ich pflanze sie in Tontöpfe mit einem Durchmesser von 9 Zentimetern. Uns gelingt das Anwachsen besonders gut, wenn wir die jungen Pflänzchen nicht gleich ins neue Beet pflanzen, sondern erst einmal zur besseren Durchwurzelung in kleine Töpfe. Die stellen wir in den Schatten, das spart Wasser. Die Erdbeerpflanzen mit dem festen Wurzelballen lassen sich Anfang August problemlos aussetzen, sie kommen dann auch mit der Sommerhitze besser zurecht.

Die Ringelblumen *(Calendula officinalis)* stehen in voller Blüte, ihr Gelb und Orange knallt nur so. Die Ringelblume zählt zu den Lieblingsblumen verschiedener Insekten. Honig- und Wildbienen, Hummeln und Schmetterlinge besuchen die Blüten, um Pollen und Nektar zu sammeln. Auch viele andere Nützlinge freuen sich über das Nahrungsangebot. Zu ihnen gehören Schweb- und Florfliege. Und wenn Sie in Ihrem Garten Ringelblumen an verschiedenen Stellen wachsen lassen, können diese – jedenfalls die Larven dieser beiden Arten – dann auch gleich bei einem Schädlingsbefall eingreifen: so etwa bei Blattläusen an Bohnen, an Rosen oder am Apfelbaum. Ungefüllten oder nur schwach gefüllten Sorten sollte man den Vorzug geben, nur sie bieten Nahrung. Außerdem vertreiben sie durch ihren streng-würzigen Geruch unliebsame Gartenbesucher. Wenn Silvia Ringelblumen in die Vase stellt, gibt sie einen Löffel Zucker ins Wasser, um den auch für Menschen etwas unangenehmen Duft zu mildern.

Mein einer Nachbar hat mehrere pyramidenförmige Koniferen in seinem Garten gepflanzt, ich unterstütze ihn dabei mit einem Tipp: Oft neigen diese Nadelgehölze dazu, eine Doppelspitze zu bilden, was bei Herbststürmen dazu führen kann, dass die Koniferen auseinanderbrechen. Auch wird die Form meistens nicht so schön, wenn es zwei Spitzen gibt. Also frühzeitig die schwächere zweite Spitze herausschneiden, dann wird die Pflanze sich wunderbar entwickeln.

Im Gemüsegarten werden die Rhabarberstiele zur Ernte abgedreht. Nicht schneiden! Nur die Blühstängel werden abgeschnitten. Wir lassen immer einige Blätter dran, damit wir auch später noch welche ernten können. Und gedüngt wird der Rhabarber selbstverständlich nur mit unserer Brennnesseljauche (siehe Seite 169).

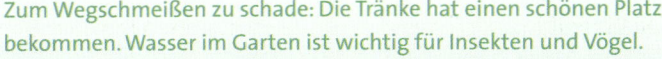

Zum Wegschmeißen zu schade: Die Tränke hat einen schönen Platz bekommen. Wasser im Garten ist wichtig für Insekten und Vögel.

Unsere Vögel freuen sich über die Tränken, die überall im Garten stehen – im Sommer ist der Durst groß. Ich stelle sie vorwiegend in den Schatten, dann veralgt das Wasser nicht so schnell.

KIRSCHFLIEGEN, KLEINE VAMPIRE

Einige meiner Stauden sind leider schon verblüht, doch mit einem radikalen Rückschnitt kann man sie manchmal überreden, nochmals zu blühen. Das gilt besonders für Margeriten, Kokardenblumen, Rudbeckien, Rittersporn und Katzenminze. Im Gemüsegarten blühen jetzt die Bohnen, wobei ich deren Triebspitzen abschneide. Dadurch wird das Wachstum unterbrochen, und die Blattläuse, die die Spitzen bevorzugen, sind eingeschnappt und machen eine Kehrtwende.

Sonnenhüte gehören zu den Korbblütlern und bieten mit ihren leuchtend gelben Blüten noch im Spätsommer ein einladendes Buffet.

Eine Fruchtfliege mit den typischen roten Augen

In diesem Jahr sehen meine Kirschen gut aus, da gab es schon andere Jahre, in denen die Früchte von extrem vielen Würmern befallen waren. Das Problem ist hier die Kirschfliege. Diese Fliege überwintert im Boden, die letzten Kirschen, die nach der Ernte noch am Baum hängen, fallen irgendwann runter – mit dem Wurm. Im darauffolgenden Frühjahr, wenn die Kirschen anfangen gelb zu werden, kommen die Fluginsekten aus dem Boden wie ein Vampir aus seinem Sarg, fliegen hoch zu den noch gelben Früchten und legen dort ihre Eier ab. Und schon haben Sie einen Wurm in der Kirsche.

Zum Problem wurde das erst in heutigen Zeiten, früher gab es das nicht. Der Grund: Einst hatte man Hühner im Garten frei herumlaufen, die die auf den Boden gefallenen Maden einfach verputzt haben. Wenn Sie keine Hühner halten (meine laufen

183

auch nicht unbeaufsichtigt herum, sie sind in einem großen Freigehege untergebracht), sollten Sie selbst Hand anlegen. Sie müssen die Maden nicht verspeisen, aber die heruntergefallenen Kirschen aufsammeln und entsorgen. Eine weitere Möglichkeit besteht im Anbringen von sogenannten Gelbtafeln – und zwar unten auf der Sonnenseite der Bäume. Die frisch geschlüpften Fliegen sehen als Erstes die gelben mit Leim versehenen Papptafeln und jubeln innerlich auf: «Juhu, da sind ja unsere Kirschen!» Zu früh gefreut, sie bleiben dann an den gelben Flächen hängen.

WELTMEISTER IM HOCHSPRUNG

Nicht nur Bienen und Hummeln sind im Frühjahr unterwegs, ich entdecke in meinem Garten auch die Wiesenschaumzikade *(Philaenus spumarius)*, sie kann als Siegerin im Hochsprung gefeiert werden. Während der Weltrekord im Hochsprung der Männer bei 2,45 Metern liegt und der Delfin bis zu 7 Meter Höhe schafft, ist die Wiesenschaumzikade unangefochtene Spitzenreiterin, jedenfalls im Verhältnis zu ihrem Körpergewicht: Das 6 Millimeter lange und strohfarbene Insekt springt ganze 70 Zentimeter hoch (und schlägt damit auch alle anderen Insekten, selbst den Floh). Würde der Mensch eine ähnliche Leistung vollbringen wollen, müsste er mehr als 200 Meter in die Höhe springen – also über einen Wolkenkratzer hinweg. Diese Zikade hüpft nämlich mehr als 100 Mal so hoch, wie sie selbst groß ist. Eine solch außerordentliche Sprungkraft hilft natürlich dabei, Feinden gekonnt zu entwischen.

Ihre äußere Gestalt erinnert ein bisschen an eine Heuschrecke, die Larven kann man selbst nicht so genau erkennen, dafür die von ihnen erzeugten Schaumhüllen («Kuckucksspucke»). Sie sind im Frühling oft am Wiesenschaumkraut zu beobachten.

Zikaden sind Tarnungsspezialisten, immer der Umgebung perfekt angepasst. Sie saugen mit Vorliebe an unseren Pflanzen. Wenn man sie erwischt, springen sie in einem hohen Bogen davon.

Und weil sie sich so reich vermehren, üben sie als Nahrung für andere Tiere eine wichtige Funktion aus.

Nie dürfen wir die Nahrungsketten unterschätzen, die wichtig sind, damit es in unseren Gärten blüht und gedeiht. Oft tritt man geradezu wortwörtlich auf den kleinen Krabblern herum, denn was man nicht gleich sieht, wird nicht geschützt. Vielfach wird das geschützt, was wir kennen, was in den Medien zum Thema gemacht wird. Doch auch das Unscheinbare gehört zum Naturleben dazu.

185

Ich hab im Garten ordentlich zu schuften, zumal ich gerade für ein paar Tage in Berlin gewesen war, in meiner Geburtsstadt, ein Job hatte mich dorthin verschlagen. Jedes Mal, wenn ich in der Hauptstadt bin, begeistert sie mich, vielleicht auch deshalb, weil in ihr alles in Bewegung ist, sich ständig etwas ändert. Lief ich als Kind durch die Straßen von Berlin, waren die Bäume und der kleine Kreis Erde um sie herum oft nichts weiter als Toiletteninseln für die Hunde, die von ihren Frauchen oder Herrchen spazieren geführt wurden. Keine besonders wohlriechende Angelegenheit. Heute sehe ich dort üppig blühende Inseln, angelegt von den Nachbarn, mal mit Stauden, mal mit Paprika und anderen Gemüsesorten, mal ganz bewusst mit Pflanzen einzig für

Ich liebe das Dorfleben, viele Grüße vom Nachbarshund Carlos.

Insekten bestückt. Auch die Hausfassaden werden immer grüner, da wachsen verschiedenste Obstbäume auf Dachterrassen in den Himmel, urbane Landwirtschaft wird in luftigen Höhen betrieben, Kletterpflanzen ranken sich über Balkone. Durch ihre Fähigkeit zur Verdunstung kühlen und befeuchten die Pflanzen die Stadt, tragen zu einem besseren Klima bei. Gerade bei der Insellage von Berlin ist das ein wichtiger Effekt.

Aber nichts zieht mich zurück in meine alte Heimat, um nichts in dieser Welt möchte ich tauschen mit meinem Leben in Börßum, das man als Dorfleben bezeichnen kann. Über drei Millionen Einwohner gegen nicht einmal dreitausend – kontrastreicher geht es kaum noch. Lichtermeer, Hektik und Lärm gegen nächtliche Schwärze, Schneckentempo und unglaubliche Stille. In einer solchen Umgebung ist mein Garten Balsam für die Seele, nirgendwo anders kann ich so gut entspannen. Aber nicht, indem ich in ihm sitze und meditativ das Geschehen betrachte, nein, ich relaxe beim Malochen. Nichts ist so herrlich, wie mit den Händen in der Erde zu wühlen und zu sehen, wie alles von Monat zu Monat wächst, blüht und gedeiht. Und dann erst das Ernten all der Früchte, die sich durch meine Arbeit prächtig entwickelt haben, ich kann es jedes Jahr kaum abwarten, bis es so weit ist. Im Vorbeigehen wird ihr Reifegrad geprüft, hier und da nasche ich eine Himbeere, werde von den rot leuchtenden Erdbeeren magisch angezogen, und immer wieder muss ich einen Apfel pflücken und in ihn hineinbeißen. Mag er jetzt noch ein bisschen sauer sein, so kann ich doch schon ahnen, dass er noch viel köstlicher wird.

Dass alles so gut schmeckt, habe ich mir selbst oder meiner Frau zu verdanken. Sie backt nun Kuchen, etwa mit den Mirabellen vom Nachbarn, der von uns Zwetschgen bekommt. Er hat keinen Zwetschgenbaum, wir keinen Mirabellenbaum – ein grundsolider Tausch. Oder sie überlegt, was wir zu Mittag essen,

Die ersten Äpfel dürfen leider nicht zu Ende reifen – ich habe sie zum Kosten einfach abgepflückt, ich kann nie bis zur Ernte warten.

mit den ersten Kartoffeln, mit den prallen Zucchini, den grünen Bohnen, den verschiedenen Sorten Salat. Nicht zu vergessen die eigenen Eier unserer glücklichen Hühner. Urbane Dachgärten hin oder her, irgendwie sind sie für mich nicht so erfüllend wie meine 5000 Quadratmeter Land. Gut, ich gebe zu, diese Größenordnung kann nicht jeder Hobbygärtner sein Eigen nennen, aber egal wie groß der eigene Garten auch sein mag: Von oben auf eine pulsierende Stadt zu blicken, ist in keinem Fall so erholsam und beruhigend, wie in völliger Ruhe über Gras und Erde zu schlendern. Unter mir wird nicht Wäsche gewaschen oder gestaubsaugt, außer die Maulwürfe putzen ihre Gänge (sicher, die können schon mehrere Etagen umfassen) und befördern Unrat hügelmäßig nach draußen, aber all das geschieht ziemlich lautlos. Selbst von den Paarungszeiten bekomme ich nichts mit.

Für das Anhäufeln der Kartoffeln brauchen wir noch keine Maschine.

Jeden Sommer versuche ich Herr über die Ackerwinde *(Convolvulus arvensis)* zu werden, die sich wie selbstverständlich in meinem Garten breitmacht, obwohl ich sie nicht eingeladen habe. Ihre weißen, leicht rosafarbenen Trichterblüten sehen so hübsch aus, so harmlos, als könnten sie keiner anderen Pflanze ein Leid antun. Aber das ist nur eine ganz gemeine Täuschung. Hartnäckig und in rasender Geschwindigkeit macht die Winde sich an alles ran, was sie nur zu fassen kriegt, nimmt den anderen Pflanzen Licht und Nährstoffe.

Immer wieder werde ich gefragt, ob ich nicht ein Wundermittel gegen diese lästigen, zudem noch gut riechenden Pflanzen habe. Tja, wenn das so einfach wäre. Die bezaubernden Blüten öffnen sich morgens und schließen sich wieder gegen Mittag. Und wenn sie bestäubt wurden von Insekten, die sich von den

Blüten einwickeln ließen, produzieren sie Samen, die sich über zehn Jahre im Boden halten können. Eine raffinierte Meisterleistung. Aber die Ackerwinde berankt nicht nur im Affentempo andere Pflanzen, um sie zu erdrosseln, sie trumpft auch mit tiefreichenden und dichtwachsenden Wurzeln auf (gut zwei Meter schaffen die mit links), die schneeweiß sind und recht dick. Mit anderen Worten: Es hilft wenig, die oberirdischen Pflanzen rauszureißen, die unterirdischen Wurzelsprossen treiben immer wieder neu aus. Und kommen Sie auch bloß nicht auf die Idee, den Boden zu durchfräsen. So werden die Wurzelstücke zerkleinert, und plötzlich entstehen viele neue Pflanzen, viel mehr als vorher, wo auch immer, an völlig neuen Standorten. Es ist zum Verzweifeln.

Meine ehrliche Antwort auf die Frage nach dem Wundermittel: Nein, es gibt keines. Trotzdem sind Sie dem hemmungslosen Treiben der Ackerwinde nicht komplett ausgeliefert. Ein wenig Mühsal ist allerdings schon erforderlich, um sie in den Griff zu bekommen: Man kann nämlich mit der Grabegabel die Flächen auflockern und die Wurzeln einzeln ausgraben.

Die Ackerwinde mag feuchte und verdichtete Böden, und mit meinen schweißtreibenden Auflockerungsübungen sorge ich dafür, dass die Winde sich nicht wohlfühlt. Dieses Vorgehen nimmt viel Zeit in Anspruch, ist aber sicherlich die beste und natürlichste Möglichkeit, unerwünschte Pflanzen im Garten (und dabei gerade im Gemüsegarten) zu verhindern. Wer die Wurzeln der Ackerwinde schon mal ausgegraben hat, wird diese schnell wiedererkennen. Also Augen auf, wenn Sie Pflanzen umsetzen. Immer kontrollieren, ob heimliche Mitbewohner im Wurzelballen dabei sind. So gelangen keine ungewollten Gäste in die Beete.

Chemische Bekämpfungsmittel (Herbizide) kommen für mich natürlich nicht in Frage, darum geht es hier ja überhaupt. Manche schwören zur Vernichtung der Winde (oder anderen pflanzlichen Plagegeistern) auf Hausmittel wie Kochsalz, aber solcherlei Mittel richten mehr Schaden an, als dass sie nutzen. Kochsalz ist kein Pflanzenschutzmittel, zumal durch seinen Einsatz auch andere Organismen geschädigt werden können. Kochsalz muss hochkonzentriert sein, damit es wirkt. Das hat aber zur Folge, dass sich bei Anwendung einer solchen Lösung das Salz auch auf den Blättern anderer Pflanzen ablagert. Sie trocknen aus, weil das Salz Wasser aus den Zellen zieht. Außerdem gelangt so auch viel zu viel Salz in den Boden, was einer Überdüngung gleichkommt. Gerade salzempfindliche Pflanzen wie Erdbeeren oder Rhododendren sind dann ziemlich angefressen.

Ähnlich ist das bei Essig – zu oft angewandt, führt das zu einer Übersäuerung des Bodens. Da haben Sie dann das Problem, dass Sie ihn wieder ordentlich mit Kalk entsäuern müssen. Was gut im Salat schmeckt, also Essig und Salz, bekommt Pflanzen nicht, auch wenn es Naturprodukte sind. Sehen Sie das Positive daran: Wenn Sie mit der Grabegabel herumfuhrwerken, ist kein Fitnessstudio mehr vonnöten.

BESTÄUBERTALENTE

Regelmäßig sitzen wir mit unserer Nachbarin Ute bei Kaffee und Kuchen in ihrer Laube vor dem Haus, ein von uns allen geliebtes Ritual. Und als wir wieder einmal beisammensitzen und über Gott und die Welt diskutieren, brummt es plötzlich ungemein laut über unseren Köpfen. Wir schauen hoch in der Ahnung, hier könnte eine Hummel unterwegs sein. Was uns aber irritiert: Dieser natürliche Flugkörper ist komplett schwarz, da ist nichts Gelbes oder Orangefarbenes an ihm. Die vermeintliche Hummel fliegt, wie wir allesamt genau beobachten und verfolgen, immer wieder mit lautem Brummen zu einigen Löchern in den

Das erste Mal live in unserem Garten: die Große Holzbiene. Anfangs blieb sie unerkannt und ging als Hummel durch.

Fachwerkbalken unseres Hauses. Nach einigen Überlegungen ist dann klar, dies ist keine Hummel, sondern ein Große Blaue Holzbiene *(Xylocopa violacea)*. Eine neue Besucherin! Schwarz mit blauen Flügeln – wunderschön! Ihre Ankunft werten wir als Zeichen dafür, dass sie unseren Garten anscheinend für geeignet hält, um im Totholz unseres Gebälks ihre Zelte aufzuschlagen und den bald erwarteten Nachwuchs aufzuziehen. Interessant dabei ist, dass diese Biene keine aufgeräumten Gärten mag, ein bisschen wilde Natur muss als Wohlfühlfaktor vorhanden sein. Die Holzbiene lebt allein und ist ungefährlich, kann aber bei Gefahr stechen.

Was können Sie tun, damit die Holzbiene auch in Ihren Garten kommt? Totholz ist auch hier entscheidend. Räumen Sie es nicht weg, verbrennen Sie es auch nicht. Wenn Sie unter einem Ordnungswahn leiden, dann stapeln Sie es! An der Hauswand oder hinten am Gartenzaun. Oder Sie bauen eine Nisthilfe, wenn Sie totes Holz nicht so ganz akzeptieren können, es Ihnen Unbehagen bereitet. Außerdem liebt die Holzbiene eine große Blütenvielfalt. Sie besucht viele verschiedene Blüten, in die sie mit ihrem Rüssel hineinfährt. Zu enge Blüten werden sogar seitlich aufgebissen, um an Pollen und Nektar zu gelangen. Ein wahres Bestäubertalent. In zugewachsenen Wäldern und rund um die Ackerflächen ist die Große Blaue Holzbiene nicht zu finden. Schuld daran sind die eingesetzten Pestizide in der Landwirtschaft, die tonnenweise ausgebracht werden. Denken Sie daran: Die Holzbiene steht bei uns auf der Roten Liste.

DIE SACHE MIT DEM PLASTIK IM GARTEN

Von Freunden und Bekannten bekomme ich eigentlich das ganze Jahr über jede Menge Ableger und Stecklinge von Pflanzen unterschiedlichster Art geschenkt, für den Garten oder fürs Haus. So schnell wie möglich müssen sie umgetopft werden – in die richtigen Töpfe. Ein gewaltiges Sammelsurium habe ich bei mir im Schuppen herumstehen, eigentlich gibt es für jeden Neuankömmling ein passendes Zuhause. Auch in diesem Sommer wurde ich wieder mit einigen Minis bedacht.

Nachdem ich die richtigen Töpfe ausgesucht und sie mit Erde gefüllt habe, kommt mir ein Gedanke, der mir gar nicht behagt: Immer achte ich beim Kauf von Blumenerden darauf, aus welchen Rohstoffen sie hergestellt, wie sie zusammengesetzt und ob sie umweltfreundlich sind. Aber die Erde ist jetzt gerade mein geringstes Problem – das weitaus größere sind die Blumentöpfe. Wenn ich sie mir so ansehe, so sind sie zum größten Teil aus Plastik und zu kleinen Türmen in einer Ecke gestapelt. Ich fühle mich plötzlich ertappt – Plastik in einem naturnahen Garten.

Zu meiner Entschuldigung kann ich nur eines hervorbringen: Es sind alles gebrauchte, noch nie habe ich Plastiktöpfe gekauft, sie wurden jedes Mal mitgebracht – und ich habe sie wieder und wieder verwendet. Durch ihren ständigen Gebrauch sind sie jedoch nur begrenzt haltbar, und durch die Abnutzung gelangen Mikropartikel (Mikroplastik) in die Umwelt. Das Tragische an den Mikropartikeln ist aber nicht nur, dass sie extrem haltbar sind und Hunderte von Jahren brauchen, um sich abzubauen, die Minipartikel richten einen Maxi-Umweltschaden an, wenn sie in die Flüsse und Meere gelangen.

Experten gehen von bis zu zwölf Millionen Tonnen Kunststoffabfällen aus, die jedes Jahr in unsere Weltmeere gelangen. Auch wenn wir in unserer westlichen Industriewelt viel zu viel Plastikmüll produzieren, so haben die meisten Länder in Europa und auch die USA zumindest eine einigermaßen funktionierende Abfallentsorgung. In Asien fehlt oft jegliche Infrastruktur, über die Kunststoffe gesammelt und sinnvoll weiterverwertet werden könnte – und sei es auch nur als Brennstoff für die Strom- oder Wärmeerzeugung.

Problematisch ist außerdem, dass die vielen Mikropartikel in unseren Gewässern meist nicht an der Wasseroberfläche treiben, sondern irgendwo zwischen Oberfläche und Meeresboden. Meerestiere verwechseln sie mit Nahrung und verhungern mit einem Magen voll von Plastik. Über die Nahrungskette reichern sich die Plastikpartikel in größeren Tieren an und gelangen so in Lebensmittel für uns Menschen.

Aber auch in unseren Böden ist massenhaft Plastik vorhanden. Noch wissen wir nicht, wie sich das Bodenleben dadurch verändern wird, mit was für Folgen wir zu rechnen haben, welche Schäden wir damit verursachen. Für mich ist jedenfalls klar, dass ich keine Plastiktöpfe mehr annehmen will, nur noch Tontöpfe. Schon seit geraumer Zeit achte ich darauf, dass bei mir kein Plastik in die Böden kommt. Wenn ich gekauften Kompost in ihn einarbeite, habe ich immer einen Eimer (Metall!) zur Hand, um die Plastikteile aufzusammeln, die sich manchmal in ihm befinden. Die Mikropartikel sind zu klein, um sie herauszufiltern (selbst in Kläranlagen ist das oft ein vergebliches Bemühen), gegen sie kann ich nichts tun. Wenn wir aber die Plastiksäcke mit Erde nicht gerade in die grüne Tonne werfen oder uns der Säcke auf dem Kompost entledigen, sondern sie gesondert entsorgen (ebenso wie die Plastiktöpfe), sind wir schon einen Schritt weiter.

Dennoch ist es kein leichtes Unterfangen, im Garten komplett auf Plastik zu verzichten. Wenn ich mich so umschaue, entdecke ich noch eine Menge von dem Zeug: Neben den Blumentöpfen besitze ich so einige Blumenkästen aus Plastik. Nicht jede meiner Gießkannen ist aus verzinktem Blech. Nicht jedes Gartenmöbel aus Holz. Und dann sind da all die Pflanzetiketten, die die Gartenmärkte mitliefern, um dem Käufer eine Art Betriebsanleitung für die Pflanzen mitzugeben. Für die Etiketten könnte man auch Holzspatel benutzen.

Gerade günstig erworbene Gartenmöbel gehören oft zu den nicht unbedingt langlebigen Dingen, viele Kunststoffe beinhalten Weichmacher und werden durch Sonneneinstrahlung spröde und brüchig. Bevor diese Teile zerfallen, sortiere ich sie aus und entsorge sie. Dann werden sie durch Produkte ersetzt, die ohne Plastik auskommen.

Zum Anbinden meiner Pflanzen nehme ich nur noch Naturbast, das Prinzip Wäscheleine ist ad acta gelegt. Auch meine Big Bags für die Gartenabfälle habe ich inzwischen durch kompostierbare Säcke ersetzt. Brauche ich Folien, etwa im Gewächshaus oder für Frühbeete, greife ich nur noch zu Biofolien, die sich in wenigen Monaten komplett zersetzen. Doch die optimale Art, meinen Biomüll zu entsorgen, ist immer noch mein Komposthaufen.

Wenn zum Ende eines Gartenjahrs zu viel Kompost angefallen ist, hilft nur noch mein Anhänger. Unser Kompostwerk in der Nachbarschaft, wohin ich ihn dann bringe, ist wie viele andere nicht besonders erfreut über die vielen biologisch abbaubaren Kunststoffbeutel. Wenn sie für uns Gärtner auf den ersten Blick wie eine perfekte Alternative zum klassischen Kunststoffbeutel erscheinen, haben Kompostieranlagen da eine andere Sichtweise. Die Biobeutel bestehen meistens aus Mais oder Kartoffelstärke und ergeben auch einen guten Humus, aber für die Betreiber von Kompostierwerken ist es ein Ärgernis, dass die Biomüllsäcke sehr lange brauchen, um kompostiert zu werden – sie sind auf eine schnelle Rotte ausgelegt. Also sortieren sie vorher die Biomüllsäcke aus, die dann auf dem Restmüll landen. Leider. Damit mein Biomüll optimal entsorgt wird, bleibt also nur der Anhänger, bei dem ich ohne Säcke auskomme. Wir alle müssen umdenken, und sicherlich ist das auch mit Mehrkosten verbunden. Aber wenn ich mir so überlege, wie lange eine verzinkte Gießkanne hält, zahlt sich das Umdenken aus.

Außerdem: Wenn Menschen durch die Klimakatastrophe sterben, weil ihre Küstengebiete vom Meer weggerissen werden, dann muss man sowieso nicht mehr lange überlegen, ob sich das Umdenken lohnt.

DER NACHBAR HAT'S MIT DEM SCHOTTER

Es ist ja nicht so, dass sich bei uns in Börßum gar nichts ändert. Börßum kann diesbezüglich zwar nicht mit Berlin mithalten, aber die eine oder andere Erneuerung hält auch bei uns im Ort Einzug. Ja, sogar in unserer Straße. Als in einem Haus ein Generationswechsel anstand, bekamen wir neue Nachbarn. Junge Leute zogen ein, und zur allgemeinen großen Erleichterung nette junge Leute. Keine, die auf einen akkurat in Szene gesetzten Garten Wert legen, mit einem Rasen, bei dem man sich die Schuhe ausziehen muss, bevor man ihn betritt. Nein, es sind Menschen, die viel Mühe aufwenden, damit Insekten sich in ihrem Garten wohlfühlen, und sich darüber freuen, wenn sie angeflogen oder angekrabbelt kommen. Der Rasen ist zwar nach meinem Geschmack ein wenig zu perfekt und alles auch mehr gestylt als bei uns, aber jeden Morgen kommen die Bachstelzen und picken Insekten vom noch vom Morgentau feuchten Gras. Der Garten ist erheblich kleiner als unserer, aber trotzdem wird für seine Besucher gesorgt. Das Überleben der Igelfamilie wird etwa durch ein villenartiges Winterquartier gesichert, es gibt Platz für wildes Treiben.

Unsere Nachbarschaft empfinde ich als vorbildlich, regelmäßig treffen wir uns, und wenn ich mal Hilfe brauche, sind immer einige zur Stelle, um mit anzupacken – und andersherum

Eine Distel kann auch anziehend sein: Bienentreffen auf der Blüte.

natürlich auch. Wir halten zusammen. Und das taten wir auch, als weiter vorne in der Straße ein Haus verkauft und von einem neuen Besitzer erworben wurde. Natürlich wurde dieser Wechsel ebenfalls von mir misstrauisch begutachtet. Als Pflanzenarzt ist das nicht zu verhindern, ich möchte wissen, mit was für einem

Garten wir da zu rechnen haben. In diesem Fall war das Misstrauen auch begründet, denn es kam, wie es nicht schlimmer hätte kommen können.

Eines Morgens bog eine Gartenbaufirma in unsere Straße ein und hielt vor dem besagten Grundstück. Und dann wurde im Vorgarten gewütet: Alles, was grün war, selbst der kleinste unschuldige Strauch, wurde gerodet. Gut, wenn ich mir ein Haus kaufe, das schon einige Jahre auf dem Buckel hat, ist es verständlich und nicht ungewöhnlich, dass ich nicht nur das Gebäude, sondern auch den Garten umgestalten möchte. Ich selbst hatte das bei einigen Kunden schon mehrmals erlebt.

Aber nachdem die Gartenbaufirma abgezogen und nur ein unglaublich öder Vorgarten übrig geblieben war und sich dann Tag für Tag nichts weiter tat, geriet ich ins Grübeln. War den neuen Eigentümern das Geld ausgegangen? Oder was war da los? Ich hatte mir schon überlegt, den neuen Nachbarn anzusprechen, aber jedes Mal, wenn ich bei ihm auf der Matte vor der Haustür stand, war er nicht da. Er sei beruflich viel unterwegs, hörte ich von anderen. Immerhin sollte bald ein Straßenfest stattfinden, vielleicht ergab sich da eine passende Gelegenheit.

So lange musste ich gar nicht warten, denn eines Morgens entdeckte ich vor dem besagten Haus einen recht großen Lkw. Er hatte gefühlte hundert Tonnen Steine transportiert und kippte sie nun in den vorderen Garten. Zuvor hatte man die Fläche mit Vlies abgedeckt, auf dem wurden dann die kleinen grauen Granitsteinchen schön säuberlich verteilt. Der gesamte Vorgarten hatte sich in eine Steinwüste verwandelt – das Grauen schlechthin. Eine Katastrophe für die Umwelt. Ein ökologisches Desaster. Es werden schon viel zu viel grüne Flächen versiegelt, weil Autobahnen gebaut oder erweitert werden, weil Supermärkte auf dem platten Land ihre Zentrallager bauen, bis zu sechs Fußballfelder groß. Aber Gärten aus Stein in meiner Nachbarschaft – das passte mir nun gar nicht in den Kram. Keine Frage, ich musste eingreifen.

Dazu war das Straßenfest eine ideale Möglichkeit. Gemeinsam mit den anderen Nachbarn planten wir, aus dem Vorgarten des Grauens eine blühende Oase zu machen. Diesen Plan trugen wir auch dem neuen Nachbarn vor, der zum Glück nicht unterwegs war, sondern am Fest teilnehmen konnte. Ein klasse Typ, den wir alle sofort mochten. Auch deshalb, weil er mit unserem Plan einverstanden war. Einzige Bedingung: Pflegeleicht müsste diese Oase sein, er sei ja viel auf Reisen und könne sich kaum ums Grüne kümmern, und seine Frau hätte keine Lust dazu. Als wir ihn fragten, wie er denn auf die Steine gekommen sei, meinte er, er hätte so etwas schon in vielen Neubaugebieten gesehen, ihm hätte gefallen, dass es ordentlich ausschaute. Mehr war aus ihm nicht herauszuholen. Letztlich, um es auf den Punkt zu bringen, hatte er sich keine großen Gedanken über seinen Vorgarten gemacht.

Im Stillen knickte ich ein. Was der neue Nachbar woanders beobachtet hatte, war den Landschaftsgärtnern geschuldet. Jahrelang hatten sie den Hobbygärtnern vorgeschwärmt, wie grandios doch so ein «japanischer Garten» sei, so richtig zenmäßig, modern, elegant, einfach mal was anderes. Und der geringe Pflegeaufwand überzeugte immens. Dieses Argument fand auch anderswo Anklang, mit Steinen könne man kostengünstig Grünflächen vor Einkaufszentren gestalten, vor Banken und Büros. Granitsplitt sei super, als kleine grüne Punkte könne man Formgehölze oder Buchsbäume hinzupflanzen. «Der erste Eindruck ist immer sehr hochwertig», hieß es. Die perfekte Visitenkarte. Und wer als Bank- oder Ladenbesitzer wollte nicht hochwertig und mit einer tollen Visitenkarte daherkommen? Keiner. Corporate Identity auf «biologische» Art und Weise nennt man das wohl.

Leberbalsam kenne ich noch aus meiner Lehrzeit – eine schöne Sommerblume.

Und schon wurden in den Gartenmärkten tonnenweise Steine in Säcken verkauft. Und viele Hobbygärtner, die keinen Landschaftsgärtner engagiert hatten, guckten sich das Ergebnis vor den Shopping Malls ab. Voller Enthusiasmus und überzeugt

Ein Pollenparadies für Hummeln auf der Acker-Witwenblume bis in den Oktober hinein

von ihrem gestalterischen Willen, begruben sie ihre Beete unter Schotter. Als ich noch in einem Gartencenter arbeitete, war weißer Marmorsplitt der Renner. Was keiner im Hinterkopf hatte: Die weißen Steine wurden sehr schnell unansehnlich grün. Auch die vermeintliche leichte Pflege entpuppte sich rasch als Illusion. Mit der Zeit sammelte sich Schmutz und Laub auf den Steinbeeten, und zwischen den Steinen wuchsen die ersten Wildkräuter. Die edle Eleganz, sie war dann auf einmal dahin.

Unseren Nachbarn und einstigen Steine-Fan konnte ich jedenfalls überzeugen, dass richtig angelegte Beete auf lange Sicht weniger Arbeit bedeuteten als sein Granitgarten. Denn nur wenige Wochen waren vergangen, als sich schon die ersten Disteln stolz zeigten, trotz schützenden Vlieses unter den Steinen. Was im Sommer auch oft unterschätzt wird: Die Steine geben Hitze ab, sie staut sich hier regelrecht. Da sorgen Pflanzen mit ihrer Verdunstung eben doch für ein besseres Klima.

Bald ging es dann los, in nachbarschaftlicher Gemeinschaft wurde aus dem Nichtvorgarten ein Happy-Bee-Garten. Dabei wurden die vorhandenen Steine nicht abgeräumt, nein, zur allgemeinen Verblüffung brachte ich weitere zwei Tonnen an, nur

Viele halten das Habichtskraut für Unkraut, in unserem Garten darf es wild wachsen: Neben den vielen Insekten, die die Blüten gerne besuchen, soll es dem Menschen Augen wie ein Habicht verleihen.

waren die wesentlich größer als die Granitsplitter. Sie waren bestimmt für die Einfassung der Blütenoasen, die jetzt auf der Fläche entstanden. Innerhalb von einem Tag, mit sechs Händen, einem Grill und einer Kiste Bier entstanden so drei große Steingartenbeete mit vielen bunten Blühpflanzen – und die Insekten ließen nicht lange auf sich warten. Und das Wichtigste: Das Resultat gefiel dem neuen Nachbarn.

Also: Wer sich vielleicht auch einst für einen Garten voller Steine entschieden hat, aus welchen Gründen auch immer, der kann mit wenig Arbeit blühende Punkte setzen. Und wenn Sie nur größere Tonkrüge mit Kräutern zwischen die Steine stellen, so wäre das ökologisch eine große Verbesserung gegenüber der toten Steinwüste.

LIBELLEN AUF DER SUCHE

Mit den Gärten in meiner Nachbarschaft kann ich überhaupt sehr zufrieden sein. Mehrere Teiche rechts und links von meinem Garten sorgen dafür, dass Libellen *(Odonata)* in unterschiedlichen Größen in meinem Garten auf Beutezug gehen. Viele denken ja, Libellen haben einen Stachel und können daher stechen. Das ist aber ein Märchen, mit dem jetzt langsam mal aufgeräumt werden sollte. Libellen können nicht stechen. Wenn sie Menschen anfliegen, dann sind das keine Angriffe, sondern sie haben nichts weiter vor, als einen Teich mit Wasserpflanzen zu finden, wo sie an den Blättern ihre Eier abstreifen können.

Wie die Larven ernähren sich auch die erwachsenen Tiere räuberisch und erbeuten alle möglichen Insekten, darunter Stechmücken, Bremsen, Fliegen, Käfer oder Blattläuse. Sie ergreifen aber auch Wespen sowie Schmetterlinge und machen selbst vor anderen Libellen nicht kalt. Viele ihrer Beutetiere werden

Nachbarschaftlicher Besuch aus einem Teichgarten: Die Gewöhnli-
che Binsenjungfer sucht das Geißblatt nach Läusen ab.

von uns Menschen als Schädlinge eingeordnet, daher werden Libellen zu den Nützlingen gezählt.

Durch die vielen nachbarschaftlichen Teiche ist unser Garten ein gut besuchter Jagdgrund dieser waghalsigen Flugkünstler. Farbenfroh rauschen sie umher, um nach Fliegen oder Mücken zu schnappen. Den Überblick behalten sie durch ihre Facettenaugen, die einen Großteil ihres Kopfes ausmachen. Sie können in der Luft stehen bleiben, flugs die Richtung wechseln und bis auf 50 Stundenkilometer beschleunigen. Da hat die Beute kaum eine Chance. Ich kann ihre Flugmanöver stundenlang beobachten. Schon vor 320 Millionen Jahren flogen die Vorfahren unse-

Die Plattbauchlibelle macht Pause auf unserem Tomatenstab. Vielleicht hält sie aber auch Ausschau nach potenzieller Beute.

rer heutigen Libellen durch die Luft, mit einer Flügelspannweite von bis zu 75 Zentimetern – Versteinerungen haben uns darüber in Kenntnis gesetzt.

Leider ist es um die Zukunft von Libellen nicht mehr so rosig bestellt. Hierzulande gibt es rund 80 Libellenarten, viele sind so selten geworden, dass 53 davon auf der Roten Liste stehen. Die Ursache ist – wie so oft – die Veränderung unserer Landschaften. Feuchtgebiete werden weniger, Flüsse begradigt. Die Zunahme von Gartenteichen hilft leider nur einigen Arten.

Was können wir tun? Ganz wichtig wäre der Verzicht auf Pestizide und Dünger besonders in Gewässernähe, auch eine Renaturierung von Bächen und Seen wäre wünschenswert. Gartenteichbesitzer können noch auf Goldfische verzichten. Diese fressen nämlich gern Libellenlarven und koten den Teich zu – das führt zu überdüngtem Wasser.

MONSTERWESPE

An jenem Abend, als das Straßenfest stattfand, passierte noch etwas Ungewöhnliches. So kam es fast zu einer unheimlichen Begegnung der dritten Art, als wir das Fest ausklingen ließen und noch für einen Moment zusammensaßen. Auf einmal ein großer Aufschrei! Eine überdimensional große Hornisse flog zwischen den kleinen Kindern umher. Besorgte Eltern näherten sich vorsichtig dem herumschwirrenden Ungetüm, ich folgte ihnen. Das Tier sah jedoch ziemlich geschwächt aus, und ich versicherte allen, von diesem Insekt ginge keine Gefahr aus, denn eine wild gewordene Hornisse war es nicht. Durch seine imposante Größe wirkte es dennoch martialisch. Es handelte sich um die Riesenholzwespe *(Urocerus gigas)*, die größte Vertreterin der Hautflügler mit einem fulminanten Legestachel (keine Giftdrüse!) – und

Die Große Holzwespe macht einen gefährlichen Eindruck, ist aber völlig harmlos.

das in unserer Börßumer Nachbarschaft. Völlig harmlos, überhaupt nicht aggressiv. Wieso war sie hier?

Normalerweise sind Wälder mit Nadelhölzern wie Fichten und Tannen ihr Revier, aber anscheinend begnügte sie sich mit den Kiefern im Dorf, da unser Wald ein bisschen entfernt liegt. Manchmal nagt sich eine solche Riesenholzwespe auch aus einem verbauten Balken ins Freie. Hat sie sich dort gut versteckt, bemerkt keiner, dass das Bauholz einen Mitbewohner hatte. Aber keine Angst, solange das Holz trocken ist, kommt sie nicht wieder. Und nur selten ist der Befall so stark, dass tragende Holzelemente zerstört werden.

Da wir gerade bei den Wespen sind – wer als Insekt Bienenwolf *(Philanthus triangulum)* heißt, hat eine gewisse Bürde zu tragen. Wer möchte als Wespe schon mit einem Wolf verglichen werden? Oder ist das nur meine Sichtweise? Wie auch immer: Diese Wespenart mit der auffällig weißen Gesichtsmaske wurde einst stark bekämpft. Denn so wie der Wolf die Schafe frisst, frisst der Bienenwolf Bienen. Es ist die einzige Wespenart, die Bienen als Nahrungsquelle für ihre Brut jagt (das tun aber nur die Weibchen, sie sind die Häscherinnen). Imkern war das – wie zu vermuten – ein Dorn im Auge, zumal ein weiblicher Bienenwolf in seinem kurzen Leben von nur sechs bis acht Wochen bis zu 50 Bienen töten kann. In den fünfziger Jahren fand man das so unerhört, dass man Bienenwölfe umfassend vergiftete, mit dem tödlichen Insektizid E 605 (ein Phosphorsäureester) oder dem starken Langzeitumweltgift Lindan, das Insekten tötet, weil sein Gift Nervenlähmungen hervorruft. Tod durch Lähmung hätte man auf den Totenschein schreiben können, hätte es einen solchen für Bienenwespen gegeben. Dabei war damals schon längst bekannt, dass die Bienenstöcke in der Lage waren, die Verluste durch die «Wölfe» auszugleichen. Davon wollte man aber nichts wissen, schon gar nichts hören. Vernichtung war einzig und allein angesagt. Kein Gedanke daran, dass die Bienenwölfe – wie so vieles andere, was uns nicht passt – zum Kreislauf des Lebens unbedingt dazugehören.

Bienenwölfe zählen zu den über 260 Grabwespen in Europa, sie können gleichsam Hände voller Sand bewegen, wenn sie ihre unterirdischen Tunnel graben. Auf die Jagd geht dieser Wolf einzig und allein für seine Brut, um sie mit Bienen zu versorgen. Erwachsene Bienenwölfe ernähren sich jedoch ausschließlich von Nektar und Pollen. Mitte Juni ist die beste Zeit, um im Garten

Bienenwölfe werden zu Unrecht gnadenlos mit Chemie bekämpft. Sie bilden antibiotische Substanzen, die ihren Nachwuchs vor Pilz- und Bakterieninfektionen schützen. Die humane Forschung macht sich das zunutze.

nach ihnen Ausschau zu halten. Dann sucht die weibliche Wespe nach geeigneten Nistplätzen, um mit dem Graben der Gänge zu beginnen. Der Bienenwolf ist ein Einzelgänger, obwohl man an guten Nistgelegenheiten schon mal mehrere Artgenossen antreffen kann. Das Nest wird aber allein gebaut.

Die Nisttunnel können im trockenen Sandboden bis zu einem Meter lang sein, an den Enden befinden sich die Brutkammern, in denen die Eier abgelegt werden. Der männliche Bienenwolf verteilt über seine Kopfdrüsen Pheromone, die die Weibchen anlocken sollen. Abgesehen von der Befruchtung, kommt den Männchen allerdings nur eine zweitrangige Rolle zu, denn die Weibchen kümmern sich sowohl um den Nestbau als auch um die Brutpflege. Die Eier selbst haben eine interessante Strategie entwickelt, um sich in den warmen und feuchten Kammern gegen Schimmelbefall zu schützen, sie sondern ein hochkonzentriertes Stickstoffmonoxid ab – die Eier riechen dann ein wenig nach «Schwimmbad». Warum das giftige Gas nicht auch die Bienenwolf-Eier schädigt, ist bisher allerdings noch ein Rätsel. Ebenso ungeklärt ist, wie genau die Eier diese enormen Mengen an Stickstoffmonoxid erzeugen. Und auch die angeschleppte Nahrung könnte von dem Pilz befallen werden, was aber nicht der Fall ist. Die Larven müssen nicht verhungern, denn das Bienenwolf-Weibchen benetzt die gelähmten Bienen mit einem Sekret aus ihren Fühlern, das hemmend auf das Pilzwachstum wirkt. Die Brut wird so durch ein natürliches Antibiotikum geschützt. Das ist ein erstaunliches Beispiel dafür, welche Abwehrmechanismen gegen Mikroorganismen (Bakterien, Pilze oder auch Viren) im Laufe der Evolution entwickelt wurden. Über diese natürlichen antimikrobiellen Verteidigungsstrategien wissen wir noch wenig – und schon gar nicht sollten wir sie zerstören.

DAHLIEN ALS HINGUCKER

Bei einem meiner sommerlichen Gartenrundgänge fielen mir meine Dahlien ein. Unbedingt musste ich noch nach ihnen schauen, denn bislang vermisste ich sie, eigentlich hätten sie sich schon längst zeigen sollen. Aber keine einzige Jungpflanze konnte ich entdecken, nicht das geringste Grün an den Stellen, wo sie normalerweise wuchsen. Das war meine Schuld. Ich hatte angenommen, dass der Winter im Zuge des Klimawandels nicht mehr so kalt werden und der Boden nicht mehr so tief frieren würde. Folglich hatte ich die Dahlienknollen den Winter über in der Erde gelassen. Ich hätte es besser wissen müssen, denn Dahlien sind nicht winterhart. Nun hatte ich den Salat, von meinen 20 Dahlien war nur noch ein kläglicher Rest einer Pflanze gerade so zu erkennen. Außerdem hätte ich auch auf meine Frau hören können – wie bei den Tulpen hatte sie mich rechtzeitig an das Ausgraben der Knollen erinnert.

Manche meiner Freunde, die ich zur harten Fraktion der Biogärtner zählen würde, gaben mir unverhohlen ihre Meinung kund: «Gut so. Deine Dahlien gehören nicht in einen Biogarten, denn du hattest auch gefüllte Sorten dabei.» *Gefüllte Sorten* bedeutet in dem Fall, dass die Blüten nur für mich und meine Augen bestimmt sind und nicht für die Nektar oder Pollen sammelnden Insekten. Dafür hatte sich die Nachbarschaft aber auch über schöne Blumensträuße mit diesen gefüllten Dahlien gefreut. Ich finde: Das mit den Gefüllten muss in einem Garten auch erlaubt sein, wichtig ist, dass keiner zu kurz kommt. Der Mehrwert eines Gartens wird nicht nur nach der Anzahl der Bienen berechnet.

Unweigerlich werden Sie sich wohl fragen: Warum werden denn gefüllte Blüten kaum oder gar nicht von Insekten besucht? Das hat damit zu tun, dass bei ihnen die Staubblätter (Stamina), die für die Produktion von Pollen zuständig sind, bei der Züchtung in Blütenblätter umgewandelt werden. Dadurch haben Insekten keinen Zugang mehr zu den Pollen in der Blüte. Manchmal werden auch die Fruchtblätter (Karpelle), in denen sich nach der Befruchtung der Samen bildet, zu Blütenblättern umfunktioniert. Gefüllte Blüten findet man nicht nur bei Dahlien, sondern auch bei Rosen, Astern, Nelken, Pfingstrosen oder Sonnenblumen. Diese Blüten haben aber dennoch ihre Anzie-

Auch für uns Menschen eine Augenweide: Kornblumen und Cosmea (Schmuckkörbchen)

hungskraft auf Insekten nicht verloren, kein Wunder, so schön, wie sie ausschauen. Leider sind sie für die Bienen oder Hummeln geschlossene Zwei-Sterne-Restaurants. Trivialer gesagt: Sie sind die reinste Mogelpackung, da es in den gefüllten Blüten weder Pollen noch Nektar zu holen gibt. Auch die Pflanzenorgane, die für die Nektarproduktion zuständig sind, die sogenannten Nektarien, sind durch den Züchtungsprozess nicht vorhanden oder zurückgebildet. Oder die Insekten kommen vor lauter Blütenblättern einfach nicht mehr an sie heran. Für Wildbienen und andere Insekten, die auf Blüten fliegen, sind diese gefüllten Blumen tatsächlich ohne jeglichen Nutzen. Aber eben hübsch.

Zum Glück lernen die Insekten schnell, dass es sich bei solchen Blüten trotz der optischen Einladung nur um Fake handelt. Nach einigen enttäuschenden Versuchen werden die Blüten nicht mehr angeflogen, das spart Energie. Wer in seinem Garten genügend ungefüllte Blumen pflanzt, braucht kein schlechtes Gewissen zu haben, wenn dazwischen einige Hingucker blühen. Ich habe es auch nicht.

DER BESTE PFLANZENSCHUTZ: LERNEN SIE IHRE PFLANZEN KENNEN

Standort und Pflege sind ausschlaggebend für gesunde Pflanzen. Aber wie können wir wissen, welche Pflege sie benötigen? Beim genauen Hinsehen verrät uns die Pflanze schon eine Menge über sich selbst, ohne dass wir wissen müssen, um was für eine Art es sich genau handelt.

Die Blätter sind der Lebensnerv, die grüne Lunge, sie bringen die Energie, die die Pflanze benötigt, um wichtige Stoffwechselvorgänge und die Atmung voranzutreiben. Mit Hilfe der Energie können auch ätherische Öle oder giftige Substanzen hergestellt werden, um sich gegen Fressfeinde zu schützen. Die vielfältigen Blattformen, Strukturen und Farben sind wiederum ein Zeichen für die Anpassung an den jeweiligen Standort. Sie verraten uns einiges über die Bedürfnisse unserer Pflanzen.

Silbrige oder grau-grüne Blätter sind ein Zeichen dafür, dass diese Pflanzen viel Sonne vertragen. Dazu zählen Olivenbäume, Hornklee, Lavendel, Salbei oder Eukalyptus. Pflanzen mit zarten und wasserreichen Blättern sind dagegen schattenliebend. Meist sind es Waldpflanzen, sie begnügen sich mit dem Licht, das Bäume durchlassen, etwa das Fleißige Lieschen, Fuchsien oder Knollenbegonien. Diese typischen Sommerblumen können gut im Schatten gedeihen.

Feste, ledrige Blätter haben einen Verdunstungsschutz. Pflanzen, die so ausstaffiert sind, vertragen Trockenheit, sind also perfekt für Gießfaule. Sie sollten sich, wenn Sie nicht gern wässern,

Eine Goldwespe am Woll-Ziest, vielleicht um weiches Nistmaterial zu sammeln

auf Gewürzlorbeer, Orangenbäumchen und viele Palmenarten konzentrieren. Weiß oder gelb panaschierte Blätter haben reduzierte Chlorophyllflächen. Diese Pflanzen sollten immer heller stehen als die mit ganz grünen Blättern. Direktes Sonnenlicht mögen sie aber auch nicht. Zu diesen Pflanzen gehören Schönmalve, Spindelstrauch oder der bunte Efeu.

Große, weiche Blätter haben nur einen geringen Verdunstungsschutz und verbrauchen dadurch viel Wasser. Die Engel-

Die Jungfer im Grünen im blauen Gewand: Pollen und Nektar haben eine Furchenbiene angelockt.

trompete oder auch die Banane sind große Trinker. Kleine Blätter haben eine geringere Verdunstungsfläche. Diese Pflanzen vertragen viel Sonne, jedoch nicht so viel Wasser. Staunässe ist der Garant dafür, dass sie nicht lange überleben. Das wäre schade für Thymian, Myrte oder Rosmarin. Die fleischigen Blätter der Sukkulenten oder Kakteen sind effektive Wasserspeicher, diese Pflanzen überstehen jede Trockenperiode, da sie sehr wenig Wasser brauchen. Pflanzenfreunde, die gern gießen, sollten ihre Finger von ihnen lassen.

Keineswegs will ich all jene vergessen, die auf Balkonen und Terrassen gärtnern. Das Gärtnern in Kübeln oder Kästen ist schon in der Antike sehr beliebt gewesen. Kräuter, Orangen, Oliven oder auch andere Exoten fanden so ihren Weg zu uns. Die Auswahl an Pflanzen, die für das Gärtnern in Töpfen in Frage kommen, hat sich seit damals immens vergrößert. Von A wie Agapanthus (Schmucklilien) bis Z wie Zinnie ist alles möglich. Blumenzwiebeln, Blütenstauden, Gehölze, Wildblumen, Küchenkräuter, Beerensträucher oder Gemüse wachsen heute in luftiger Höhe, auf Dächern und Balkonen. Viele der Pflanzen kommen aus wärmeren Regionen und vertragen es nicht, die Winterzeit im Freien zu verbringen. Darum sollte man sich früh genug informieren, ob ein Überwinterungsplatz für die Schützlinge benötigt wird. Findet sich in der eigenen Wohnung kein Platz für sie, so sollte man sich auf winterharte Pflanzen verlagern, auch sie gibt es in großer Auswahl.

Grundsätzlich eignen sich aber fast alle Pflanzen für Kübel oder Kasten. Unbedingt ist darauf zu achten, wie die Pflanzen wurzeln. Eher flach wurzelnde Pflanzen wie zum Beispiel der Rhododendron eignen sich besser für den Balkon als tief wurzelnde wie die Kletterrose, die nach kurzer Zeit nicht mehr strahlt, wenn sie sich nicht wohlfühlt. Die Herkunft der Pflanzen ist also weniger entscheidend als die Wurzelsituation. Die Wurzelart ist nämlich ein wichtiges Kriterium, um mit dem begrenzten Platz im Kübel oder Kasten auszukommen. Und die Pflanzen sollen ja prächtig gedeihen.

Der Wärmefaktor ist ein weiterer Aspekt, der beachtet werden sollte. Einige Pflanzen lieben es morgens und abends mollig warm (Oleander, Olive, Zitrusbäume), andere mögen es am Tag warm und in der Nacht kühler; sie haben sich auf die Temperaturschwankungen eingestellt. Dazu gehören viele Kräuter, Stiefmütterchen, Hornveilchen oder Vergissmeinnicht.

Hübsch und hübsch gesellt sich gern: Die Jungfer im Grünen, ein Hahnenfußgewächs, wird von einem Blaugrünen Schenkelkäfer-Männchen besucht.

Einige Pflanzen brauchen wenig Nährstoffe, andere sehr viele und sollten deshalb regelmäßig gedüngt werden. Bougainvillea, Passionsblumen und viele Nachtschattengewächse (darunter Tomaten) sind Dünger-Junkies.

Die individuelle Lebensdauer von Pflanzen hat nicht immer etwas mit den harten Wintern in unseren Regionen zu tun, sie hängt vom arteigenen, genetisch festgelegten Lebenszyklus ab. Einjährige Pflanzen haben ihre Frist von der Keimung bis zur Samenreifung innerhalb eines Jahres. Überleben kann nur die Saat, denn die Pflanzen lassen sich nicht überwintern. Einjährige, die fast jeder kennt: Kapuzinerkresse, Jungfer im Grünen, Ringelblumen oder Mais.

Zweijährige Pflanzen bauen im ersten Vegetationsjahr den Spross mit den Blüten auf, und im zweiten Jahr blühen und fruchten sie. Manchmal, bei schlechten Witterungsbedingungen, blühen sie schon im ersten Jahr, sterben dann aber auch in diesem. Zu den zweijährigen gehören Stiefmütterchen, Roter Fingerhut, Karotte, Kohl, Kümmel, Lauch, Pastinake, Petersilie, Rübe, Zuckerrübe. Ein gutes Beispiel sind die Rüben: Im ersten Jahr kann man sie noch nutzen, im zweiten Jahr werden die gespeicherten Nährstoffe zur Blüten- und Samenbildung verwendet.

WENN DER SOMMER HEISS UND TROCKEN IST

An heißen Sommertagen komme ich nicht drum herum, meine Kübelpflanzen, meine frisch gepflanzten Rosen und Stauden zu wässern. Dazu nutze ich nur Regenwasser. Regenwasser wird bei uns im Garten in Regentonnen, ausgedienten 1000-Liter-Fässern, gesammelt. Die Sammelbehälter habe ich günstig im Internet gekauft, diese sogenannten IBC-Fässer kann man gebraucht ab 50 Euro erwerben. Im Garten stehen sie auf einer Palette am

Haus und lassen sich gut von oben aus den Regenrinnen füllen. Ist genügend Platz im Garten vorhanden, können die Fässer auch in Reihe verbunden werden, so hat man schnell einige tausend Liter Gießwasser angesammelt. Das so aufgefangene Wasser hilft im Sommer, wertvolles Trinkwasser zu sparen. Außerdem spare ich auf diese Weise eine Menge Geld. Denn wenn ich Wasser aus der Leitung zum Gießen nehme, bezahle ich nicht nur das Wasser, sondern auch die viel teureren Abwassergebühren. Eine separate Wasseruhr für Gießwasser kann da helfen. Beim Wasseranbieter können solche Uhren angemeldet werden, es muss dann nur der Wasserpreis gezahlt werden und nicht die Abwassergebühr.

Meine Pflanzen lieben aber zudem das Regenwasser und vertragen es besser als das kalkreiche und gechlorte Wasser aus der Leitung. Wer in den frühen Morgenstunden gießt, verhindert das schnelle Verdunsten. Aber das ist nicht unbedingt meine Zeit, darum gieße ich in den Abendstunden und habe dadurch keine Nachteile entdeckt.

Wichtigste Maßnahme ist das Mulchen der Beete; dadurch behält der Boden seine Feuchtigkeit. Favorisiert wird der Einsatz von Rindenmulch, aber wir nutzen eher die Materialien, die im Garten anfallen. Das kann der Rasenschnitt unter den Sträuchern sein oder das Laub im Gemüsebeet. Auch Kompost, der dann später untergegraben wird, funktioniert sehr gut.

Unser Rasen wird im Sommer weniger gemäht (gut für Benedikt, dessen Begeisterung fürs Mähen etwas nachgelassen hat), dadurch wird er widerstandsfähiger gegen Trockenstress. Er wird nämlich bei uns nicht bewässert, darauf muss er verzichten. Doch das ist nur zu seinem Vorteil, denn so entwickelt er tiefere Wurzeln und kann sich besser selbst versorgen. Mit längeren Grashalmen beschattet er sich auch, was zur Folge hat, dass er weniger Wasser verdunstet. Trotz seines Wasserentzugs ist

Mit ein bisschen Pflege wächst alles, wirklich alles.

unser Rasen zur großen Überraschung unserer Nachbarn immer grün.

Bevor die große Hitze einsetzt, behandele ich ihn mit Brennnesselsud (siehe Seite 169) – für ihn bedeutet das eine Extraportion Kalium, da Brennnesseln viel von diesem Mineralstoff enthalten. Kalium ist maßgeblich an der Regulierung des Wasserhaushalts und der Winterhärte beteiligt, zugleich stärkt es die Zellwände und bietet so den perfekten Schutz gegen Krankheiten und Schädlinge.

Auf den herkömmlichen Rasensprenger sollte bei Wassermangel unbedingt verzichtet werden. Beim Sprengen verdunstet zu viel Wasser, bevor die Pflanzen überhaupt in den Genuss des kühlen Nasses kommen. Ich achte zudem darauf, dass ich nicht öfter als einmal die Woche meine Pflanzen bewässere. Dann

Hier schenkt man sich gegenseitig Schatten und spart Wasser.

sorge ich in den Abendstunden dafür, dass das Wasser sich nicht nur auf der Bodenoberfläche verteilt, sondern langsam von der Erde aufgenommen wird. Ausgenommen sind natürlich meine Kübelpflanzen, die brauchen öfter Wasser. Aber auch sie können mit Mulch abgedeckt werden, um weniger Nass zu verdunsten.

Im Handel werden vielerlei Hilfsmittel angeboten, um Wasser zu sparen. Tonkegel eignen sich bei Kastenpflanzen für eine optimale Wasserversorgung, insbesondere in Urlaubszeiten. PET-Flaschen bekommen hier auch noch eine Aufgabe, sodass sie nicht gleich in den Plastikmüll wandern, sollten sich in Ihrem Haushalt welche angesammelt haben. Die Flaschen werden mit Wasser gefüllt, die Tonkegel dann oben auf die Flasche montiert. Sie ersetzen so den Deckel. In dieser Kombi können die Flaschen als Wasser-Depot genutzt werden. Das ist perfekt, denn dadurch wird ein Übergießen und Ersaufen der Pflanzen in zu viel Wasser verhindert. Über den Ton werden die Pflanzen bedarfsgerecht mit Wasser versorgt. Dabei muss der Tonkegel einfach nur so tief wie möglich in den Topf oder den Kasten gesteckt werden. Eine kostengünstigere automatische Bewässerung für Ihre Pflanzen finden Sie kaum.

Wer auf PET-Flaschen verzichten möchte, kann auf Tonkegel mit einem Schlauch zurückgreifen, den man in einen mit Wasser gefüllten Eimer hängt. Durch die Kapillarkraft werden die Pflanzen ebenfalls mit ausreichend Wasser versorgt. Für Technikfreaks gibt es natürlich computergesteuerte Gießanlagen ...

Meine Pflanzen haben jedoch gelernt, mit weniger Wasser auszukommen. Und ich habe das von ihnen gelernt. Jemand erzählte mir einmal von einem Tomatenanbauer in Österreich, der seine Tomaten auf dem Acker anpflanzte und sie dann bis zur Ernte sich selbst überließ, ohne sie auszugeizen (dabei entfernt man die unfruchtbaren Seitentriebe) oder anzubinden. Das hatte mich so neugierig gemacht, dass ich es selbst ausprobierte. Das Ergebnis: Meine Tomaten, die ich ins Beet gepflanzt und nicht mehr beachtet hatte, gediehen prächtig. Noch in keinem Jahr zuvor hatte ich eine so große Menge guter Tomaten. Meine Tomaten im Gewächshaus waren lange nicht so toll und brauchten viel mehr Zuwendung. Der Grund dafür: Die Pflanzen waren im Beet so tief verwurzelt, dass sie an das Wasser in den tieferen Bodenschichten kamen. Zudem wurde viel weniger Wasser verdunstet, da sie wild durcheinanderwuchsen und so den Boden schattierten. Im Boden gab es genügend natürliche Nährstoffe, eine Überdüngung durch zu viele Düngergaben wurde ausgeschlossen – das sorgte wiederum dafür, dass die Pflanzen widerstandsfähiger wurden. Schädlinge und Pilze hatten keine Chance. Was geschieht, wenn der Sommer mal verregnet ist, werde ich noch herausbekommen. Zur Not habe ich ja immer noch meine Tomaten im Gewächshaus.

Es gab Zeiten, da wurde der Regenwurm zu den Schädlingen gezählt. In alten Gartenbüchern gab es unzählige Tipps, wie man
ihn am besten vertreiben konnte. So ein Strich in der Landschaft,
hässlich, blind, taub und stumm, hieß es da. Einzig kriechen
können sie, diese formlosen Dinger. Die Regenwürmer-Porträts
fielen unterirdisch aus, in der Verkennung der Tatsache, dass sie
den besten Dünger herstellen und letztlich zu den stärksten Tieren auf unserem Planeten zählen – zumindest im Vergleich zu
ihrer Körpergröße. Ständig frisst und scheidet er aus, weshalb er
einst auch «Reger Wurm» genannt wurde. Viel passender als Regenwurm, denn vor dem Regen sollte er sich fürchten, zu viel davon kann tödlich für ihn enden. Klopfen nämlich Regentropfen
auf den Boden, klingt das für den Wurm so verführerisch, dass
es ihn Richtung Oberfläche zieht. Lieber sollte er unten bleiben,
denn die UV-Strahlen oder hungrige Vogelschnäbel beenden
sonst sehr schnell sein Leben.

Regenwürmer entwickelten sich vor ungefähr 200 Millionen Jahren. Sie gelten als größte wirbellose Bodentiere, so gibt
es etwa in Australien Würmer, die bis zu 3 Meter lang werden. In
Deutschland hat man über 40 Arten gezählt, obwohl sie für mich
kaum zu unterscheiden sind. Welche Art auch immer, ich freue
mich, wenn ich diese fleißigen Helfer zahlreich im Boden oder
im Kompost habe. Da ich kein Angler bin, brauchen sie mich
nicht zu fürchten.

Gräbt der Regenwurm Tag für Tag lange Gänge durch den
Boden (so wird dieser super durchlüftet) und verspeist dabei
totes Pflanzenmaterial, verdaut er alles mit seinem Speichelse-
kret vor. Und ist seine Mahlzeit im Magen angelangt, wird der
pH-Wert durch Kalkdrüsen neutralisiert. So werden im Wurm
Tonminerale und organische Substanzen gut vermischt, die

dann über den Darm ausgeschieden werden. So entsteht der sogenannte Ton-Humus-Komplex. Kein anderes Tier kann diese organisch-mineralischen Verbindungen in solchen Mengen produzieren wie der Regenwurm. Beste Qualität, sozusagen Edeldünger. Nirgendwo lassen sich im Boden höhere Nährstoffwerte nachweisen. Da gibt es fünfmal mehr Stickstoff, siebenmal mehr Phosphor, elfmal mehr Kali, zweimal mehr Magnesium und viermal mehr Kalk als in der normalen Erde. Das soll mal jemand nachmachen.

Meine Kompostwürmer lieben eine warme Stube, bei einer Temperatur von 20 bis 27 Grad Celsius fühlen sie sich regenwurmwohl. Sie sind beim Fressen auch ein wenig wählerisch, weshalb ich auf ihren Speiseplan achte. Neben den pflanzlichen Abfällen mögen sie auch die von Tieren, zudem eine stickstoffreiche Kost. Was der Regenwurm gar nicht abkann, das sind

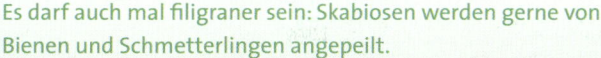

Es darf auch mal filigraner sein: Skabiosen werden gerne von Bienen und Schmetterlingen angepeilt.

Laubblätter von der Eiche oder unserem Walnussbaum, ebenso meidet er Tannennadeln, also letztlich alles, was Gerbstoffe beinhaltet. Stark duftende Kräuter können sogar dafür sorgen, dass der Regenwurm Reißaus nimmt.

Doch das muss unbedingt verhindert werden, nicht nur bei den Kompostwürmern. Also sorge ich dafür, dass der Boden im Garten grundsätzlich gemulcht ist, denn unter der Mulche herrscht ein optimales Klima für die Nützlinge. Temperaturschwankungen im Sommer werden so abgeschwächt, der Boden wird vor direkter Sonneneinstrahlung geschützt. Die Bodenbearbeitung selbst wird so schonend wie möglich ausgeführt. Das Lockern des Bodens mit der Grabegabel ziehe ich dem Umgraben vor. Auf den Einsatz von Pflanzenschutzmitteln wird verzichtet, auf den von mineralischen Düngern sowieso. Sie können den regen Würmern schaden, indem die gelösten Salze die schützende Wurmhaut angreifen. Überhaupt verschlechtern jegliche Veränderungen des pH-Werts die Lebensbedingungen der Regenwürmer. Eine Zugabe von Kalk dagegen kann die Regenwurm-Population verbessern. Der ideale pH-Wert für die Würmer liegt bei 5 bis 7, in Moorbeeten mit einem pH-Wert von unter 4 sind keine mehr zu finden. In Biogärten findet man ein Vielfaches an Regenwürmern gegenüber konventionellen Gärten, in denen noch mit Chemie hantiert wird.

Auch sind die Regenwürmer für die Gesundheit meiner Pflanzen verantwortlich. Verspeisen sie mit Krankheitserregern befallenes Laub, werden bei dem Verdauungsprozess viele Pilzkrankheiten abgetötet. Durch gezieltes Einsetzen von Regenwürmern in nicht so gute Böden können diese maßgeblich verbessert werden. Darum ist aus der Regenwurmzucht auch ein einträgliches Geschäft geworden. Im Internet werden verschiedene Regenwürmer angeboten, entweder für den perfekten Kompost oder den Gartenboden.

Die Weinbergschnecke *(Helix promatia)* ist wohl die größte Schnecke in unserem Garten. Ich kann mich noch erinnern, wie ich sie als Kind in Bechern gesammelt und als Haustier gehalten habe. Am nächsten Tag waren sie weg, verschwunden, schneller, als man es den Schnecken zutrauen würde. Nun wiederholt sich das Spiel in unserem Garten. Alljährlich bauen mein Sohn und ich Gehege für die ihre Gehäuse mit sich herumtragenden Schnecken. Sie bekommen von uns Namen und werden mit Respekt behandelt.

Weinbergschnecken sind leicht an ihrer stattlichen Größe zu erkennen, durch ein bräunlich gefärbtes, bis 4 Zentimeter hohes Gehäuse wird dieser Eindruck verstärkt. Bei uns im Garten fühlen sie sich in wilden Ecken wohl, unter Gebüsch, wo es feucht und warm ist und der Boden nicht so sauer. Dabei sind sie ganz ausgeklügelte Tierchen, denn sie besitzen sowohl weibliche als auch männliche Fortpflanzungsorgane. Trotzdem suchen sie sich einen Partner in einem Tempo von 7 Zentimetern in der Minute. Das Liebesspiel ist ziemlich zeitaufwendig, im berühmt-berüchtigten Schneckentempo kann das mehrere Stunden in Anspruch nehmen. Wie Amor, der Gott der Liebe in der römischen Mythologie, haben sie einen Liebespfeil, der von der einen in die andere Schnecke gestoßen wird und für die Befruchtung sorgt. Nicht immer werden beide Partner befruchtet, doch vier bis sechs Wochen später werden 40 bis 60 Eier in einer kleinen Grube abgelegt. In ihr wächst der Nachwuchs selbständig heran.

Leider schmecken die Eier vielen Feinden, sodass nur wenige zu einer erwachsenen Schnecke führen. Nachdem die Youngster geschlüpft sind, führt sie der Weg aus der Höhle an die Oberfläche. Sie ernähren sich von diversen Pflanzenteilen. Bei Trockenheit im Sommer oder Kälte im Winter brauchen sie geschützte

Ein schattiges Plätzchen für die Weinbergschnecke

Orte, die sie aufsuchen. In einem Ruhezustand warten sie dann auf besseres Wetter. In freier Wildbahn können sie ein Alter von bis zu 20 Jahren erreichen. Leider ist auch die Weinbergschnecke durch Schädlingsbekämpfung und intensive Bodenbearbeitung gefährdet, ihr natürlicher Lebensraum wird immer kleiner, weshalb sie in unseren Gärten unbedingt ein willkommener Besucher sein sollte. Allein schon deshalb, weil sie sich über die Eier der Nacktschnecken hermacht. An unseren Pflanzen richtet sie kaum Schaden an, sie frisst welke Pflanzenteile, weil diese leichter zu verdauen sind.

HIRSCHKÄFER ODER NICHT?

Einen beachtlichen Fund machte Benedikt eines Tages Ende Juli. Wir waren alle sehr aufgeregt, als er einen Hirschkäfer in unserem Garten entdeckte und uns zu sich rief. Das kann doch nicht wahr sein, dachte ich erfreut. Wir nahmen gleich unseren Naturführer zur Hand, weil ich mir nicht ganz sicher war, ob es auch wirklich ein Hirschkäfer war – der Kopf sah irgendwie anders aus, als ich es in Erinnerung hatte. Tatsächlich war es dann auch ein Balkenschröter *(Dorcus parallelipipedus)*. Der Käfer mit dem eigenwilligen Namen sieht dem Hirschkäfer, jedenfalls dem Weibchen, recht ähnlich und wird deshalb oft verwechselt. Wir mussten also nicht an unseren Insektenkenntnissen zweifeln.

Ob Hirschkäfer oder Balkenschröter – sein Besuch war in jedem Fall ein Erlebnis. Der Käfer imponierte mit einem starken Kiefer und natürlich sechs ordentlich kräftigen Beinen. Beim Hirschkäfer sind die Flügeldecken aber nicht so stark punktiert und glänzen auch mehr als beim Balkenschröter. Von den über 6000 Käferarten, die in Deutschland vorkommen, gehören Hirschkäfer und Balkenschröter zu den größten. Trotz seiner Größe kann Letzterer fliegen. Ein bisschen träge ist er schon, aber einen Radius von wenigen Kilometern kann er abdecken.

Dieser fidele Totholzkäfer (er ist tag- und nachtaktiv) fühlt sich im toten Holz äußerst wohl. Er geht dort gern auf Jagd und veranstaltet dann ein großes Halali. Seine Larven entwickeln sich innerhalb von zwei, drei Jahren, ebenfalls in alten Baumstümpfen, modrigen Stämmen, in absterbenden Eichen und Buchen

Gestatten, mein Name ist Balkenschröter, und ich liebe morsches Holz. Aber auch mein Nachwuchs hat es zum Fressen gern.

(manchmal auch in den Leichen von Obstbäumen). Sie machen es sich hier gemütlich und kuschelig und beißen sich durchs Holz, das am Ende wie Schweizer Käse aussieht. Es werden aber nie gesunde Bäume als Nistplätze ausgesucht, immer nur totes Gehölz.

Die Verpuppung selbst findet unter der Borke statt. Puppen sind ab August zu finden, und nach relativ kurzer Puppenruhe überwintert der aus einer wurmähnlichen Gestalt geschlüpfte

Die beste Futterquelle für viele Käfer wie Bock- oder Nashornkäfer, die sich auf Mulm spezialisiert haben

Käfer in der Puppenwiege. Wobei ich bis heute nicht weiß, was eigentlich eine Puppenwiege ausmacht. Der Käfer wird es schon wissen. Die erwachsenen Käfer kann man dann ab Ende April bis Ende Juli zu Gesicht bekommen, sie fliegen vorzugsweise am frühen Abend. Für Spechte, Eulen und Fledermäuse ein gefundenes Fressen.

Leider ist der Balkenschröter in einigen Teilen Deutschlands selten geworden und gilt als gefährdet. In Börßum ist er bislang nur einmal gefunden worden, durch meinen Sohn ein zweites Mal. Da die meisten Wälder mittlerweile forstwirtschaftlich genutzt werden und das Totholz in der Regel aus dem Wald geschafft wird, ist sein Lebensraum immer kleiner geworden. Aufgrund der Bundesartenschutzverordnung steht der Balkenschröter nun schon seit längerem unter Naturschutz.

AUGUST
· · · · · · · · · · · ·

HIMBEERSCHNITT UND MOHNBLÜTE

Der Sommer will kein Ende nehmen, dennoch habe ich das Gefühl, dass das Gartenjahr an mir vorbeirast. Ein wenig mulmig wird mir bei diesem Gedanken schon. Denn wieder einmal kommt die scharfe Schere zum Einsatz. Unsere Himbeeren müssen geschnitten werden. Die Triebe, die abgeerntet und zwei Jahre alt sind, werden von mir bis zum Boden runtergestutzt. Die neuen Triebe binde ich hoch, sie sind die Fruchtträger im nächsten Jahr. Sind sie ein wenig zu lang geraten, kürze ich sie etwas. Auch die Johannisbeersträucher werden ausgelichtet, das heißt, ich dünne den Busch aus. Wie viel, das zeigt uns das Sonnenlicht: Alle Blätter sollten genügend Licht haben, denn so wird die nächste Ernte besonders süß.

Seit Anfang Mai blüht der Kalifornische Mohn *(Eschscholzia californica)*, der wegen seiner Blütenfarbe auch Goldmohn genannt wird. Dieser Mohn ist eine sehr genügsame Pflanze, die mit jedem Boden zurechtkommt. In unserem Garten scheint er sich besonders wohl zu fühlen, denn obwohl wir ihn nicht pflegen, vermehrt er sich jedes Jahr selbständig, doch ohne dass er unseren Garten überwuchert. Für seine Bestäubung braucht er Insekten, aber aufgrund seiner auffälligen Farbe hat er kein Problem, genügend von ihnen anzulocken. Und die Insekten lieben ihn wiederum, da er bis spät in den September blüht. Eine echte Win-win-Situation.

Seine ursprüngliche Heimat ist der Südwesten der USA, dort lässt der Goldmohn nach Regenfällen ganze Landschaften in schönstem Goldgelb erstrahlen. Jeden Morgen, wenn die Sonne

Ein Blaugrüner Schenkelkäfer, hier ein Weibchen, an unserem Kalifornischen Mohn

Das Schenkelkäfer-Männchen ist gut zu erkennen an den dicken Schenkeln.

ihn berührt, öffnet er seine Blüten, und das macht er natürlich auch im kleinen Börßum. Der Kalifornische Mohn gilt als wahrer Überlebenskünstler, denn selbst bei größter Dürre kann der Samen jahrelang überleben. Mal wieder bin ich mit meiner Kamera unterwegs, auf der Suche nach spannenden Insekten, die sich von den Blüten in meinem Garten eingeladen fühlen. Und was präsentiert sich da vor meiner Linse? Ein Blaugrüner Schenkelkäfer, auch Engdeckenkäfer genannt. Ein hübsches Kerlchen. Einen solchen Besucher lässt man sich gefallen. Seine Größe variiert zwischen 5 und 22 Millimeter, und durch seine verdickten Hinterbeine nehme ich an, dass es sich in diesem Fall um ein Männchen handelt. Hier ist er wohl pollenfressend auf dem Goldmohn unterwegs. Seine Larven brauchen morsches Holz oder auch alte Stängel von Pflanzen, um sich zu entwickeln.

SCHRÄGE GESELLEN

Fast hätte ich ihn übersehen, den Wolfsmilchschwärmer *(Hyles euphorbiae)*, denn tagsüber saß er völlig ungestört am Boden, als wolle er signalisieren: «Ich bin gar nicht da, geh ruhig weiter.» Erst mit Einsetzen der Dämmerung wird der Nachtfalter von Ende Mai bis Juli aktiv, und mit seiner Flügelspannweite von etwa 8 Zentimetern gehört er zu den größeren Nachtgeschöpfen. Später, als die Sonne sich verkroch und ich eigentlich auf das Taubenschwänzchen wartete, das regelmäßig gegen Abend unseren Phlox besucht, zeigte sich stattdessen der Wolfsmilchschwärmer auf unserer Terrasse. Er gilt als gefährdet, steht in einigen Bundesländern auf der Roten Liste, denn der vermehrte Einsatz von Herbiziden und Insektiziden in der Landwirtschaft schadet den Faltern genauso wie der Verlust von Lebensräumen mit Zypressen-Wolfsmilch wie beispielsweise den Wacholderheiden.

Abends werden die Gäste besonders schön: Der Wolfsmilchschwärmer hat uns besucht.

Während der Falter sich mit seinen Brauntönen gedeckt und bedeckt zeigt, sind seine Raupen regelrecht bunte Vögel. Mit auffällig roter, schwarzer und weißer Färbung kommen sie daher, um mit diesem Outfit Feinde abzuschrecken. Mit ihrer Warnfärbung setzen sie ein Statement: «Vorsicht, ich bin ungenießbar.»

Bei diesem schönen Schwärmer können wir wieder einmal sehen, was für Schätze wir in der Natur beobachten können, wenn wir genügend Wiesen und Brachflächen zur Verfügung stellen. Auch wir Gärtner sind gefragt. Selbst kleine Flächen bieten Rückzugsorte für Insekten, die gefährdet sind, und stärken so das natürliche Gleichgewicht.

Wenn der Sommer langsam zu Ende geht, wird das Leben im Garten nicht gerade einfacher. Manche Krankheiten zeigen sich erst dann, neue Probleme mit neuen Quälgeistern und Rowdys tauchen auf. Ruhe gibt es nicht, aber wer will die denn schon. Leben ist Bewegung, das macht es so spannend.

Man will es nicht wahrhaben, aber ignorieren kann ich sie auch nicht: die Wühlmäuse. Junge Obstbäume in meinem Garten werden rillenartig von ihnen an den Wurzeln benagt, Knollengemüse hemmungslos angefressen. Würden sie nur einzelne Pflanzen auffuttern, hätte ich persönlich keine Probleme mit ihnen, sie schauen ja auch ganz possierlich aus. Doch was machen die frechen Biester? Sie knabbern mal hier, mal da, wo es ihnen gerade passt, bis die gesamte Gemüseernte einen Schaden hat. Eine wahre Wurzelattacke! Kein anderes Nagetier ist so effizient wie die Wühlmaus.

Die kleinen nachtaktiven Nager können je nach Art 7 bis 23 Zentimeter groß werden. Die ovalen, flachen und kleinen Haufen, die sie aufwerfen, unterscheiden sich deutlich von den großen und kreisrunden der Maulwürfe. Doch benutzt die Wühlmaus gerne die Gänge des Maulwurfs. Aber während die Maus von oben nach unten gräbt, sodass ihre Röhre eher eine ovale Form hat, schaufelt der Maulwurf von rechts nach links, was zu einem breiteren Röhrenergebnis führt.

Die Maus legt Vorratskammern an, in denen sie fleischige Wurzeln, Zwiebeln, Knollen und anderes lagert. Alles nur vom Feinsten, wahre Leckerbissen. Das Weibchen bringt von März bis Oktober zwei bis vier Würfe mit jeweils bis zu zehn Jungen zur Welt. Da kommt schon ordentlich was zusammen. Zu den wichtigsten natürlichen Feinden der Wühlmaus gehören Wiesel, vor allem das Mauswiesel. Aber auch Fuchs, Iltis, Marder, Katze, Eulen (Schleiereulen) sowie Greifvögel (Mäusebussarde) stellen ihr nach. Je mehr Mäuse, desto mehr natürliche Feinde (die wollen ja auch ihre Brut satt kriegen). Nur muss man diesen kleinen Raubtieren auch eine wilde Ecke im Garten lassen, die sie als Deckung und Unterschlupf nutzen können, um von dort aus ihre Mausjagd zu starten.

Die genannten natürlichen Feinde der Wühlmaus sind allerdings nicht gerade Gartenliebhaber, sondern ziehen die freie Natur vor. Sie können es daher auch mal mit einem anderen Trick versuchen: Da Wühlmäuse ein feines Geruchsorgan haben, sind sie anfällig für schlechte Gerüche. Sie können also Schnaps, Fischlake, Buttersäure oder andere geruchsintensive Stoffe in den Gängen verteilen. Etwas aufwendiger, aber genauso wirksam: Zerkleinern Sie Holunder, Knoblauch oder die Zwiebeln von Kaiserkronen und mischen Sie das Zerteilte mit Gesteinsmehl. Aber lassen Sie den Tierchen eine Fluchtmöglichkeit. Denkbar ist auch eine Ablenkungsfütterung mit Topinambur. Das Wurzelgemüse aus Übersee haben sie zum Fressen gern. Mit diesem Köder haben Sie die größten Erfolgsaussichten.

Wühlmausfallen können auch eine effektive Maßnahme sein, bewährt sind Kastenfallen, die man in den aktiv benutzten Gängen aufstellt. Aber haben sich die Wühlmäuse über Ihren ganzen Garten ausgebreitet und überall ihr Handtuch ausgelegt, dann haben Sie eine Menge zu tun. Außerdem sollten Sie die lebend gefangenen Mäuse weit entfernt von Ihrem Garten aussetzen, damit sie nicht gleich wieder bei Ihnen einkehren.

Ihre kostbaren Pflanzen können Sie außerdem mit einem Drahtkorb sichern; das Drahtgeflecht sollte am besten verzinkt sein (Maschenweite circa 15 Millimeter). Formen Sie den Korb um den Pflanzballen, mit dem zusammen dann die Pflanze eingesetzt wird. Ähnlich kann auch bei Zwiebeln oder Knollen verfahren werden.

Pflanzen lieben einen gesunden und nährstoffhaltigen Boden, aber den kann man manchmal vergeblich suchen. Da ist die Belastung aus der Luft, die des Grundwassers oder die durch giftige Stoffe (zum Beispiel Schwermetalle). Nicht zu vergessen die falsche Bodenbearbeitung, das Problem der Versauerung sowie die fortschreitende Versiegelung. Die Folge ist, dass nicht genügend Sauerstoff an die Wurzel gelangt. Ist jedoch der Boden nicht gesund, ist das die beste Voraussetzung für Pilzerreger, die an der Wurzel von Pflanzen ihr Unwesen treiben. Hier hilft es, den Boden aufzulockern, gegebenenfalls Sand unterzumischen und ihn mit Kompost anzureichern.

Eine dieser Pilzerkrankungen ist die Kraut- und Braunfäule an Kartoffeln und Tomaten. Ihr Erreger heißt *Phythophthora infestans*, und er treibt vor allem im Sommer bei feuchten Witterungsbedingungen sein Unwesen. Zuerst werden bei dieser Erkrankung die Blattränder bräunlich, doch schon bald breiten sich auf dem ganzen Blatt braune Flecken aus. Das kann rasend schnell gehen. Auf der Blattunterseite erkennt man einen grauen Pilzrasen. Die Stängel bekommen ebenfalls Flecken. Schließlich fallen die Blätter ab. Die Kartoffeln fangen an zu faulen und werden ungenießbar, ähnlich ist es bei Tomaten, unter den Flecken verhärtet sich das Fruchtfleisch. Bei einem starken Befall ist die gesamte Ernte gefährdet. Die Sporen dieses Pilzes überdauern am Boden oder an den Tomatenstangen, es gibt auch eine gegenseitige Ansteckungsgefahr: Erkrankte Tomaten können Kartoffeln infizieren oder umgekehrt.

Hier hilft eine (vorbeugende) Behandlung mit Acker-Schachtelhalm oder Rhabarber-Zwiebel-Sud. Dazu 500 Gramm grüne Rhabarberblätter zerkleinern und 50 Gramm Zwiebeln klein hacken. Alles mit kochendem Wasser (2 Liter) übergießen. Nach ungefähr einer Stunde den Sud mit 3 Litern Regenwasser verdünnen und bis zur Ernte immer wieder auf die Kartoffel- und Tomatenpflanzen sprühen.

Bei einer Behandlung mit chemischen Pflanzenschutzmitteln ist zu beachten, dass Resistenzen auftreten können, das heißt,

Die Sonnenbraut zeigt sich offen für jeden, der sie anfliegen möchte. Auch Krabbeltiere sind erwünscht, Hauptsache, es wird bestäubt.

der Pilz reagiert dann nicht mehr auf die Therapie. Deshalb sollten Sie am besten gleich darauf verzichten. Ein Vorkeimen der Kartoffeln und eine resistente Sortenwahl dämmen Ertragsverluste ein. Entfernen Sie auf jeden Fall bodennahe Blätter. Auch hier gilt: kranke Pflanzenteile nicht kompostieren. Wechseln Sie die Anbaufläche und sorgen Sie immer für eine gute Belüftung. So können Sie den Pilz in die Schranken weisen.

UNRUHESTIFTER OHNE ENDE

Unter den Insekten gibt es einige Bodenschädlinge, die als Larve oder Käfer im Boden leben und über Beißwerkzeuge verfügen, mit denen sie mit großem Appetit über Wurzeln und Blätter herfallen. Zu ihnen zählt der Dickmaulrüssler *(Otiorhynchus)*, ein besonders hartnäckiger Vertreter unter den Krawallmachern. Dickmaulrüssler sind nachtaktiv und verstecken sich tagsüber gern unter Töpfen, Brettern oder im Mulch. In diesen Zeiten nutzen sie die Gelegenheit, sich enorm zu vermehren. Die erwachsenen Käfer machen sich nur über Blätter her, das sieht zwar nicht schön aus, aber damit können die Pflanzen leben (der typische Buchtenfraß ist dafür ein Kennzeichen). Dickmaulrüssler sind Allesfresser, keine Pflanze bleibt verschont. Aber es gibt Lieblingsspeisen wie Hortensien, Primeln, Forsythien, Rosen, Azaleen, Fuchsien, Geranien, Himbeeren, Pfingstrosen, Rhododendren, Flieder oder Weinreben.

Die Fraßschäden der Käfer sind zwar alles andere als schön anzusehen, stellen für die Pflanzen aber keine ernsthafte Bedrohung dar. Gefährlicher sind die Larven des Dickmaulrüsslers: Sie leben im Wurzelbereich der genannten Pflanzen und fressen zunächst die für die Wasseraufnahme wichtigen Feinwurzeln an. Ältere Larven arbeiten sich oft bis zur Stammbasis vor und nagen dort die weiche Rinde der Hauptwurzeln ab. Wenn die Larven selbst den Pflanzen nicht den Garaus machen, besteht immer noch die Gefahr einer Infektion mit Bodenpilzen. Diese können über die Fraßstellen an den Wurzeln in die Pflanze eindringen.

Was Sie tun können? Unter Ihren Töpfen nachgucken und die Käfer einsammeln. Und bei den Larven ist es am effektivsten, wenn Sie diesen mit parasitären Nematoden den Garaus bereiten.

Diese Fadenwürmer kennen viele nur als Schädlinge an Pflanzen. Sie sind aber im Boden und im Wasser weit verbreitet und haben sich an sehr vielfältige Lebensbedingungen angepasst. Einige Arten parasitieren Insektenlarven oder Schnecken und werden deshalb für den biologischen Pflanzenschutz eingesetzt. Sie laben sich an Erdraupen, Wurzelbohrern und Gartenlaubkäfern. Manche von ihnen gehen auch an Nacktschnecken. Außerdem kann man mit Nematoden Maulwurfsgrillen und die Maden von Wiesenschnaken bekämpfen. Und eben auch die Larven des Dickmaulrüsslers.

Die Fadenwürmer der Gattung Heterorhabditis sind rund 0,1 Millimeter lang – sie zuckeln im Bodenwasser aktiv auf die Larven zu und dringen durch Haut und Körperöffnungen ein. In der Larve setzen die Nematoden – für Menschen und Tiere ungefährliche – Bakterien ab, die die Larven innerhalb von drei Tagen abtöten. Die Nematoden haben auch eine sehr nachhaltige Wirkung, da die Parasiten sich im Körper der toten Dickmaulrüssler-Larve weitervermehren – in jeder Larve entstehen bis zu 300 000 neue Nematoden. Alle Achtung.

Unter den Raupen ist es wohl die des Kohlweißlings *(Pieris brassicae)*, die man im Gemüsegarten am meisten fürchtet, macht sie sich doch über alles her, was Kohl ist. Mit einem kleinen Lochfraß fängt es an, doch dabei bleibt es nicht. Die Blätter

Der Strandflieder ist ein exzellenter Landeplatz für Schmetterlinge.

der Kohlpflanzen werden skelettiert, und dann geht's munter weiter, nun werden die Kohlköpfe selbst angefressen. Durch das ewige Fressen sammeln sich in ihrem Raupenkörper bittere Senfölglycoside an, sodass sie – in diesem Fall leider – für Fressfeinde ungenießbar werden. Wenn Sie Urgesteinsmehl leicht über die Pflanzen streuen, verdirbt das den Raupen den Appetit.

Wildkräuter sind in Maßen okay, aber manchmal halten sie sich sehr standhaft in unseren Beeten und werden zu unliebsamen WG-Bewohnern, dann wenn sie unsere mühsam gezogenen Pflanzen verdrängen. Im Vergleich zu unseren Kulturpflanzen überstehen sie mühelos jeden Wetterumschwung. Um diese Wildkräuter zu minimieren, ist ein gut durchlüfteter Erdboden von Vorteil. Dafür sollte der Boden regelmäßig aufgerissen und die Wurzeln der Wildkräuter entfernt werden. Das Mulchen von Beeten, auch im Gemüsebeet, ist von großem Vorteil. Wildkräuter werden unter der Mulchdecke erstickt, Feuchtigkeit wird erhalten, und viele Mikroorganismen fühlen sich darunter sehr wohl.

Jedes Jahr im Spätsommer treffe ich auf einen alten Bekannten, den Roten Weichkäfer *(Rhagonycha fulva)*. Er ist als großer Räuber unterwegs, und als solcher unterscheidet er bei seiner Jagd nicht zwischen nützlichen und schädlichen Tieren. Da verhält er sich so wie Lauf- oder Marienkäfer. Dieser kleine Weichkäfer mit den langen Fühlern frisst und frisst: Blattläuse, andere Insekten, Schnecken und Würmer. Auf den Doldenblütlern in meinem Garten fühlt er sich besonders wohl. Die samtig behaarten Larven der Käfer leben am Boden und erbeuten Schnecken und andere Insekten. Nach einem Jahr und mehreren Häutungen verpuppen sie sich. Zum Glück läuft er mir recht häufig über den Weg (er ist tagaktiv), für ihn habe ich sogar meine Doldenblütler vermehrt. Er soll bloß nicht in einem anderen Garten Schädlinge vertilgen.

Für den Laien ist es oft extrem schwierig, Nutzinsekten von Schadinsekten zu unterscheiden. Nützlinge, die uns bei der Gartenarbeit auf natürlichem Weg unterstützen, sind sprichwörtlich Gold wert. Ein äußerst effektiver Mitstreiter bei der Schädlings-

Der Rote Weichkäfer ist ein Nützling, leider ist im August sein kurzes Leben schon vorbei. Bis dahin vertilgt er so manchen Schädling, schlägt aber zur Abwechslung auch das pflanzliche Pollenangebot nicht aus.

regulierung ist auch der grüngolden schillernde Goldlaufkäfer *(Carabus auratus)*. Tagsüber versteckt er sich gern unter Gräsern, Steinen oder Rindenstücken. Aber nachts unternimmt er seine Raubzüge. Er ist ein unglaublich schneller und begabter Jäger. So säubert er die Gemüsebeete von den Larven der Möhrenfliege, von Würmern und anderen Insekten, die sich über Wurzeln und Stängel hergemacht haben. Außerdem halten Laufkäfer Schnecken in Schach, die sich im Schutz der Dunkelheit über die frisch gepflanzten Salatsetzlinge hermachen.

URKNALL ALS ABWEHR

Ein anderer Laufkäfer, der sich in meinem Garten wohl fühlt, ist der Bombardierkäfer *(Brachininae)*. Er macht seinem Namen alle Ehre, denn er bombardiert seine Feinde tatsächlich, wenn er bedroht wird. In seinem Körper stellt er dann eine explosionsartige ätzende Gasmischung aus Hydrochinon und Wasserstoffperoxid her. Eine ausgefeilte Chemiefabrik, die in zwei Kammern an der Hinterleibsspitze beherbergt ist und mit einem kleinen Knall für große Überraschung sorgt (er wurde deswegen schon als «Urknallkäfer» betitelt): Der Angreifer wird in schneller Folge mit der Mixtur überzogen, die brühend heiß ist, nämlich eine Temperatur von bis zu 100 Grad Celsius hat. Das sorgt für ordentlich Verwirrung, und der Betroffene zieht ziemlich entmutigt davon und lässt von seiner Beute ab.

Diese Verteidigungsstrategie wird bei kleineren Feinden in Szene gesetzt, bei größeren Arten wie etwa Kröten gibt es ein System, das noch ausgeklügelter ist. Dabei wird unentwegt ein Sekret abgesondert, über vier Minuten lang und in bis zu achtzig Schüssen. Dieses Sekret reagiert mit der Außenluft und lässt gleichsam Brandblasen auf der Haut des Gegners entstehen. Ver-

Die Bombardierkäfer besitzen ein eindrucksvolles Verteidigungs-system: Werden sie von einem Feind bedroht, blasen sie dem Angreifer ätzende und übelriechende Gase entgegen.

brennungen dritten Grades sind garantiert. Die Brühe kann bis zu 20 Zentimeter fliegen, und damit das Ziel präzise getroffen wird, ist der Hinterleib entsprechend im Einsatz, er wird gekippt und gedreht. Eine hochwirksame Waffe ist diese Spritzdüse, das muss man schon sagen. Bombardierkäfer sind Nützlinge, spielen eine wichtige Rolle im Naturhaushalt, denn sie haben es auf andere verpuppte Insekten abgesehen, um sich zu vermehren.

Was ist denn das? Was so exotisch und gefährlich aussieht, ist eine heimische Art, nur dass sie kaum jemand kennt. Für mich war die Gemeine Skorpionsfliege *(Panorpa communis)* bislang auch ein unbekanntes Wesen, ich entdeckte sie zum ersten Mal in meinem Garten. Sie sieht wirklich furchterregend aus, denn das rote Hinterleibsende des Männchens erinnert tatsächlich an den Stachel eines Skorpions. Doch statt giftiger Abwehr dient es der Fortpflanzung (Kopulations- oder Klammerorgan), also dem aufwendigen Liebesakt. Beim Weibchen fehlt der Stachel. Beim Werben wird der große Hinterleib in Schwingung versetzt, zusätzlich wird mit einem Winken der Flügel auf sich aufmerksam gemacht. Das Männchen verströmt einen Lockstoff und bietet

Sie sieht etwas exotisch aus, und auch der Liebesakt der Gemeinen Skorpionsfliege ist nicht unkompliziert.

dem Weibchen zusätzlich eine proteinhaltige Mahlzeit an. Je umfangreicher die Speisung ausfällt, umso länger hat das Männchen Zeit für die Liebe.

Weil die Skorpionsfliegen sich meist in Gebüschen herumtummeln, sieht man sie trotz ihrer auffälligen Erscheinung nicht so leicht – außer wenn sie etwas tollpatschig auffliegen, um Nahrung zu suchen. In dieser Hinsicht sind sie im Gegensatz zur Paarung recht anspruchslos. Skorpionsfliegen verspeisen mit Vorliebe geschwächte Insekten, verschmähen auch das Aas von toten Wirbeltieren nicht, fressen Kot, laben sich aber auch an Pollen und Nektar. Gerne klauen sie auch mal und stiebitzen ihre Beute aus Spinnennetzen, ohne dass sie sich selbst in den Netzen verfangen. Diese akrobatische Aktion beherrschen Skorpionsfliegen meisterhaft – ihre Kletterkünste sind im Gegensatz zu ihren Flugkünsten hervorragend. Mundraub nennt man das. Oder ein Plündern fremder Speisekammern. Insektenkundler sprechen von «Kleptoparasitismus». Wobei bislang noch nicht klar ist, warum Spinnen sich das einfach so gefallen lassen. Jedenfalls ist dieser seltsame Räuber ein hervorragender Aufräumer im Garten, weshalb ihn der Naturschutzbund zum Insekt des Jahres 2018 erklärte.

Zu den nützlichen Jägern zählt auch der nachtaktive Gemeine Ohrwurm *(Forficula auricularia)*. Überwiegend lebt er von Blatt- und Blutläusen, von Spinnmilben und anderen kleinen Insekten. Er frisst aber auch Mehltaupilze. Erst bei Nahrungsknappheit und wenn sich der Garten nicht im Gleichgewicht befindet, vergreift er sich an Obst und Gemüse. Die Weibchen legen 50 bis 80 Eier in selbstgegrabene Höhlen im Boden und pflegen die Brut mehrere Wochen lang. Ohrwürmer sind lichtscheu und halten sich tagsüber im Boden oder in Rindenspalten auf. Den Winter verbringen sie im Boden. Um sie zu schützen, sollte man den Boden unter Bäumen bis zum Frühjahr nicht bearbeiten.

TEIL 3

MEIN NATURNAHER GARTEN
IM HERBST UND IM WINTER

SEPTEMBER

· · · · · · · · · · · · · · ·

ENDLICH ERNTEN

So langsam verblüht alles im Garten, der Herbst ist ja auch nicht mehr weit. Wir ernten Äpfel und Birnen, aber nur die gut ausgereiften Früchte, denn die schmecken am besten und lassen sich auch ideal lagern. Die Früchte sind dann richtig reif, wenn man sie leicht abdrehen kann. Das Fallobst sammeln wir regelmäßig ein, denn direkt vor unserem Haus steht ein großer Birnbaum, und die abgefallenen Früchte sind ein gefundenes Fressen für Wespen. In großer Anzahl können sie schnell lästig werden.

Der letzte Rotkohl wird geerntet.

Im September werden von uns auch die Meerrettichwurzeln ausgegraben. Sie stecken voller nützlicher Inhaltsstoffe, nicht nur für uns Menschen, sondern auch für den biologischen Pflanzenschutz. Meerrettich wirkt zum Beispiel vorbeugend und desinfizierend gegen so manche Pilzkrankheiten. Ich wende ihn an meinem Pfirsichbaum gegen die Kräuselkrankheit, an meinen Apfelbäumen gegen Fruchtfäule und an meinen Kirschbäumen gegen die Monilia-Spitzendürre an. Dazu zerkleinere ich die Wurzeln und im Sommer zusätzlich die Blätter (ab dem Spätsommer nur noch die Wurzeln) und gebe 500 Gramm davon auf 1 Liter Wasser. Dann 15 Minuten kochen und einige Zeit ziehen lassen. Pur oder verdünnt, je nach Befall, mehrmals auf die Bäume sprühen, bis diese tropfnass sind.

FRÜHBLÜHER PFLANZEN

Jetzt, wo die Blütenpracht langsam zu Ende geht, wird es Zeit, einige Lücken in meinen Blumenbeeten mit Zwiebelblumen für den Frühling zu bepflanzen. Das ist pure Vorfreude auf das nächste Frühjahr. In den Gartencentern sind die Regale voll mit Beuteln verschiedenster Zwiebeln, die Auswahl ist riesig. Aber einzig die bunten Bilder auf den Verpackungen lassen erahnen, was aus den unscheinbaren grauen und braunen Zwiebeln einmal wird: herrliche Blüten. Es ist jedes Mal eine Qual, unter den vielen Sorten zu wählen.

Und bin ich dann endlich mit meinen Schätzen zurück im Garten, taucht die nächste Frage auf: Wie verteile ich die Frühlingsblüher am besten? Schließlich entscheide ich, ihnen zu einem großen Auftritt direkt vor dem Haus zu verhelfen. Es soll ein farbenfrohes, leuchtendes Beet entstehen, mit roten und gelben Tulpen, am Rand umsäumt von blauen Traubenhyazinthen.

Jede Blumenzwiebelart braucht ihre eigene Pflanztiefe:

- Winterling, Schachbrettblume, Anemone: bis 5 Zentimeter
- Schneeglöckchen, Traubenhyazinthe, Gartenkrokus, Ranunkel: 5 bis 10 Zentimeter
- Wildtulpe, Wildnarzisse, Blaustern: mindestens 10 Zentimeter
- Gartentulpe: 10 bis 15 Zentimeter
- Hyazinthe, Gartennarzisse: mindestens 15 Zentimeter
- Lilie: 20 Zentimeter
- Kaiserkrone: 25 Zentimeter

Eine Faustregel besagt: Die Blumenzwiebeln sollten doppelt so tief wie ihre Höhe in Zentimeter gepflanzt werden.

Aber nicht nur in den Beeten, sondern auch in Töpfen und Kästen pflanze ich Frühblüher, denn so eine frühlingsfrische Blütenpracht ist bestes Insektenfutter. Ich stelle meine mobilen Einheiten auf unsere Terrasse, auf den Balkon im ersten Stock und an den Hauseingang. Aber auch eine Gute-Laune-Wiese mit Narzissen, Blausternen und Zwergtulpen kann ich nur empfehlen. Im Frühling haben Sie so ein Paradies für Hummeln und Bienen. Mit einem Zwiebelpflanzer lassen sich im Rasen bequem einzelne Pflanzlöcher stechen. Ich bevorzuge aber die Gruppenpflanzung. Dafür schäle ich die Grasnarbe ab und lockere den darunterliegenden Boden, setze anschließend die Zwiebeln und klappe die Grasnarbe zurück. Wichtig ist, dass der Boden gut wasserdurchlässig ist – so können die Frühblüher nicht faulen.

Im September ist es noch Zeit, um Radieschen und Salat fürs nächste Jahr zu säen. Viele Sorten werden im Hochsommer allerdings nicht mehr ausgesät, weil sie sonst schießen, nein, nicht mit der Flinte, der Gärtner nennt es so, wenn die Pflanzen in die Blüte gehen. Die Ampel steht auf grünes Licht. Die Pflanzen neh-

Unwiderstehlicher Insektenmagnet: blühender Ziersalbei

men die Tageslänge wahr, und da die Tage kürzer werden, merken die Pflanzen, dass es nicht mehr lohnt, Blüten anzusetzen.

Jetzt im September müssen auch die Stauden zurückgeschnitten werden. Um den Grund zu erklären, muss ich weiter ausholen. Gehen wir von einem Phänomen aus, dass Sie vielleicht kennen: Sie haben eine seltene Staudensorte mit einer speziellen Farbe gepflanzt, nach langer, mühevoller Suche. Doch nach ein paar Jahren scheinen die Farben zu verwässern. Die Blüten haben auf einmal einen ganz anderen Ton. Was steckt dahinter? Sie bangen um Ihre Staude, bangen um den Verlust der einstigen Sorte.

Viele Stauden säen sich selbst aus, dazu gehören in meinem Garten der Phlox, die Taglilien oder die Indianernesseln. Die Saat fällt dicht neben den ursprünglich gepflanzten Sorten zu Boden und wächst mehr oder weniger unbemerkt zu stattlichen Pflanzen heran. Die Mutterpflanze wird verdrängt, und die Nachkommen sehen oft ganz anders aus, weil die Blüten von Bienen und anderen Insekten mit fremden Pollen bestäubt wurden. So entstehen Kreuzungen, der Samen war, wie wir Gärtner sagen, nicht sortenecht. Besonders wichtig ist das bei Funkien, sobald mehrere Sorten im Beet stehen.

Also: Wer seine alten Sorten erhalten will, muss sofort nach dem Verblühen die Blütenstängel abschneiden. Bei einigen Stauden ist ein Rückschnitt nach der Blüte auch deshalb wichtig, um auf diese Weise Pilzerkrankungen vorzubeugen, so beim Phlox, der Indianernessel oder dem Rittersporn.

Noch ein Tipp: Überall ist jetzt an den Blütenstielen die Saat ausgereift. Um ein wenig Geld zu sparen, sammle ich sie und

Sie gehören in jeden naturnahen Garten: Malven.

SEPTEMBER

verwahre sie in Kaffeefiltertüten. Die Poren in den Filtertüten sorgen dafür, dass die Saat nicht fault. Die gefüllten Tüten werden zusammengefaltet und zugetackert, und damit ich nicht vergesse, was drin ist, beschrifte ich sie.

OKTOBER

· · · · · · · · · · · ·

WIE MEIN GARTENABFALL SCHNELL
ZU HUMUS WIRD

Der Kompost ist das Gärtnergold. Ohne Kompost ist an Bodenfruchtbarkeit in einem chemiefreien Garten nicht zu denken. Die oberste Bodenschicht ist die wichtigste Schicht für unsere Pflanzen. Pflanzenschutzmittel, einseitige Fruchtfolgen und Rekordernten durch mineralische Dünger laugen jedoch unsere Böden aus. Entziehen ihnen das Bodenleben. Falsche mineralische Düngung oder übermäßige Gülle belasten wiederum unser Grundwasser. In die Schlagzeilen geraten immer wieder die hohen Nitratgehalte. Falsche Düngemittel waschen sich aus dem Boden aus, wenn sie zu schnell wasserlöslich sind – im Gegensatz zu organischen Düngern, die sanft und langsam wirken und maßgeblich zum Humusaufbau beitragen.

Ohne ein gut ausgebildetes Wurzelwerk kann eine Pflanze Hitze- und Trockenperioden nicht gut überstehen. Und je mehr Wurzeln eine Pflanze hat, umso besser kann sie sich mit Wasser versorgen. Nur ein Beispiel: Wenn ich meine Pflanzen im Garten mit Blaudünger versorge, füge ich dem Boden jenes schlagzeilenträchtige Nitrat bei. Nitrat hat die Eigenschaft, dass es zur Wurzel wandert. Die Pflanze muss nichts für den Nährstoff tun. Das ist nicht gut.

Stellen Sie sich vor, ein Mensch sitzt den ganzen Tag auf der Couch und dreimal am Tag kommt der Pizzalieferservice. Was passiert? Der Mensch geht auseinander und wird krank. Und so ist das mit den Pflanzen auch. Beliefert man sie mit Nitrat, werden sie faul und denken gar nicht daran weiterzuwachsen, unternehmen nicht die geringste Anstrengung, um das zu tun. Die Wurzel macht zwar Masse, es werden auch reichlich Blätter produziert, aber die Pflanze an sich bleibt weich und anfällig. Ideale Bedingungen für Insekten und Pilze, um hier ihr Unwesen zu treiben. Deshalb verwende ich nur Naturdünger. Bei Naturdünger hat die Pflanze keine Chance, sich zu einer Couch-Potato zu entwickeln. Die Mikroorganismen im Boden wandeln die im Naturdünger verfügbaren Nährstoffe um, dann muss die Pflanze aber mit ihren Wurzeln hinterherwachsen – und damit hat sie eine Zeitlang zu tun. Zugleich führt das zu einer vermehrten Wurzelbildung und zu einem gesunden Wurzelballen. Die Pflanze wird so widerstandsfähiger. Nicht nur gegenüber Insekten und Pilzen, auch gegen Witterungsschwankungen.

Ein anderes Beispiel: Ihr Rasen. Wenn Sie Ihre Grünfläche jeden Tag etwas bewässern, werden sich kaum tiefe Wurzeln bilden. Ich erwähnte es schon. Warum soll sich das Grün auch dieser Mühe unterziehen, wenn es ja jeden Tag eine Portion Nass erhält? Wenn man nicht muss, macht man das auch nicht. Bei einer intensiven Hitzeperiode hat man dann das Nachsehen. Die obere Bodenschicht trocknet schnell aus, und weil der Rasen keine tieferen Wurzeln ausgebildet hat, um dort nach Wasser zu «graben», verdurstet er regelrecht und stirbt ab.

Um das zu verhindern, sollte man seinen Rasen nur einmal in der Woche gießen, und dann richtig. Das Wasser sollte mindestens 10 bis 20 Zentimeter in die Tiefe dringen. Bringen Sie am besten 10 bis 15 Liter pro Quadratmeter aus, das ist das, was der Rasen in einer Woche bei 35 Grad Celsius verbraucht. Dann wachsen auch die Wurzeln gezwungenermaßen um einiges tiefer. Der Wasservorrat in der Tiefe ist zudem viel größer, weil dieser bei Hitze nicht sofort verdunstet. Mit den langen Wurzeln kann sich der Rasen auch bei großer Hitze selbständig mit Wasser versorgen.

Ein Komposthaufen ist sicher nicht zwingend die schönste und auch geruchstechnisch kaum die angenehmste Attraktion des Gartens. Dennoch ist er der Stolz jeder Gärtnerin und jedes Gärtners, denn er signalisiert offenkundig eine ökologische Gesinnung. Zum einen wegen der richtigen Entsorgung der Grün- und Küchenabfälle, zum anderen, weil die Verwendung von Kompost als Dünger organisches Gärtnern zulässt und heute höher im Kurs steht als der Griff zum Kunstdüngersack.

Und was da alles in meinem Gartenboden im Verborgenen passiert, wenn keine Chemie ihn verunreinigt! Milliarden von Kleinstlebewesen bringen Ordnung in ihn hinein. Der Regenwurm ist nur ein Teil der Gemeinschaft im Boden, aber durch seine Größe recht gut zu erkennen. Er ist sozusagen der Botschafter aller Lebewesen im Boden, die am Aufbau des Humus beteiligt sind.

Jede Gärtnerin, jeder Gärtner hat es sicherlich schon beobachtet: Alle Überreste aus dem Garten, pflanzliche und tierische Lebewesen, werden abgebaut. Bei ungünstigen Voraussetzungen, bei Nässe, Kälte und Sauerstoffarmut, entsteht eine Fäulnis, die für den Abbau verantwortlich ist. Das ist aber nicht mein Ziel, denn dieser Weg vom Abfall zum wertvollen Bodenverbesserer führt nicht zu den Inhaltsstoffen, die ich möchte. Bis heute ist der Prozess, der von der Verrottung verschiedenster Ausgangsstoffe zu neuem Humus führt, nicht völlig geklärt. Irgendwie bleibt diese Umwandlung geheimnisvoll, wobei aber bekannt ist, dass die Zersetzung auf verschiedene Weise ablaufen kann, eben als Fäulnis oder als Rotte.

Und genau diese Rotte will ich, bei ihr ist eine erhöhte Aktivität der Mikroorganismen zu erkennen, die es ermöglichen, an die innenliegenden Nährstoffe zu gelangen. Und bei ausreichend Sauerstoff wird sogar die Umgebung des sich zersetzenden Abfalls spürbar erwärmt. Nur so entstehen Huminstoffe, Aufbaustoffe aus toter Materie, die wichtig sind, um Nährstoffe festzuhalten, zu speichern und vor Auswaschung zu schützen. Die Bodenstruktur wird dadurch massiv geschützt und verbessert.

Dieser Humus, der Frischkompost, gibt dem Boden eine dunkle Farbe. Bis sich eine Humusschicht von wenigen Zentimetern bildet, können Hunderte von Jahren ins Land gehen. Bei der Begutachtung von Böden wird oft das Wort «Bodengare» verwendet. Es bezeichnet den Zustand des Bodens mit günstigen Eigenschaften für den Pflanzenwuchs. Zum Vergleich kann man einen guten Teig nehmen, der angenehm riecht, locker und elastisch ist. So sollte auch ein guter Boden sein. Eine stabile Krümelstruktur sorgt für eine ideale Versorgung mit Wasser und Luft. Das verhindert Staunässe und Bodenverdichtung. Für die Stabilität der Krümelstruktur sind Pilze und Ausscheidungen der Bodentiere zuständig.

In einem Jahr wird der Humus aufgebraucht, Nachschub kommt dann von weiteren abgestorbenen Pflanzen oder Laub, jedenfalls in einer natürlichen Umgebung. Im Garten muss ich selbst für Nachschub sorgen. Mit Kompost versuche ich direkt in die Humusbildung einzugreifen, vielleicht auch seine Bildung zu verbessern. Es ist also nicht nur entscheidend, die Pflanzen zu ernähren, nein, auch der Boden will ernährt sein. Denn nur in einem belebten Boden sind Pflanzen weniger krankheitsanfällig. Bei einem perfekten Gartenboden werden nämlich die Selbstheilungskräfte der Pflanzen gestärkt. Viele Mikroorganismen produzieren eine Art Pflanzenmedizin, vergleichbar mit Vitaminen oder gar Antibiotika. Manche Stoffe sind durch ihre bloße Anwesenheit Abschreckung für schädliche Organismen.

Ein Beispiel: Der *Bacillus subtilis*, auch Heubazillus genannt, ist ein weitverbreitetes natürliches Bodenbakterium. Er besiedelt unter anderem die Wurzeloberfläche, vermehrt sich und wächst mit der Wurzel mit. Zudem bildet er Enzyme zur Aufschließung von Nährstoffen. Somit steht er in Konkurrenz zu den anderen Mikroorganismen, die sich um die Pflanzenwurzel herum ansiedeln wollen, auch auf ihrer Oberfläche. Immer gewinnt der Heubazillus den Wettbewerb, die Schaderreger haben das Nachsehen. Die Pflanzenabwehrkräfte werden auf diese Weise gestärkt, zugleich wirkt der Bazillus noch wachstumsfördernd.

Der Gartenbau macht sich das zunutze, diese speziellen Mikroorganismen werden in unserer gärtnerischen Fachsprache als Biostimulanzien bezeichnet. Dazu zählen Huminsäuren (sie sind die vielleicht stärksten antiviralen Substanzen in der Natur) und Fulvosäuren, die bei der Zersetzung von Pflanzenmaterial entstehen. All diese Substanzen haben positive Wirkungen auf den Boden, die Nährstoffaufnahme, das Wachstum, die Qualität der Pflanzen, wirken gegen Stress (Schäden durch nicht lebende Organismen wie Hitze oder Wassermangel), Krankheiten und Schädlinge.

Mineralische Dünger sind für unsere Pflanzen jedoch so etwas wie Fastfood. Mineralische Nährstoffe werden oft wahllos aufgenommen, und irgendwann sind die Pflanzen dann übersättigt. Diese Düngemittel greifen auch in die Lebensbedingungen der Bodenorganismen ein. Da ist dann irgendwann keine Rede mehr von Bodenfruchtbarkeit. Denn wenn wir keine organischen Dünger einsetzen, nimmt der Anteil des Humus im Boden ab. Weiterhin können keine Nährstoffe mehr im Boden gespeichert werden. Auf den Punkt gebracht: Eine zunehmende Versauerung des Bodens durch den Eintrag von mineralischem Stickstoffdünger sorgt dafür, dass das Bodenleben Schaden nimmt. Die Pflanzen können trotz Düngung nicht mehr optimal mit Nährstoffen versorgt werden. Viele Nährstoffe werden im Boden festgelegt, und nur noch Bruchteile sind für die Pflanzen verfügbar. Dagegen werden sämtliche organischen Substanzen im Boden zu Nährstofflieferanten. Durch Mikroorganismen mineralisiert, kommen sie unseren Pflanzen zugute. Diese Nährstoffquelle versiegt nie, solange wir organische Substanzen nachliefern.

Trotzdem gibt es beim eigenen Kompost einiges zu beachten. Kali wird im Humus nur schwach gehalten und schnell ausgewaschen. Bei Grünkomposten mit hohen Kaligehalten verdrängt Kali wiederum das Calcium, und es kommt zu Calcium-Mangelerscheinungen. Erkennbar ist dies an der Blütenendfäule bei Tomaten. Hierbei sind keine Schädlinge mit im Spiel, sondern Wissenschaftler deuten das als Stoffwechselkrankheit. Die Symptome sind nicht schön: An unreifen Tomaten treten wässrige, bräunliche Verfärbungen auf, im Endstadium färben sich die reifen Tomaten von der Spitze aus schwarz. Eine Notreife wird vollzogen, die Früchte fallen von den Pflanzen ab.

Aus Erfahrung weiß ich, je vielfältiger die Zusammensetzung bei der Herstellung eigenen Komposts ist, umso besser ist er. Doch was darf in den Komposthaufen rein und was nicht? Auf der sicheren Seite bewegt man sich mit Pflanzenresten, die im Garten oder in der Küche anfallen. Mehr als die Hälfte unserer Abfälle ist organisch, diese pflanzlichen Abfälle zu kompostieren ist aktiver Umweltschutz.

Ein absolutes No-Go beim Kompostieren ist Plastik in jeglicher Form, von der Plastiktüte bis zum Margarinebecher. Zigarettenkippen haben im Kompost ebenso wenig etwas zu suchen wie Alufolie, Nägel, Dosen, Steine, Glas, Knochen, Leder oder nicht zerkleinertes, behandeltes Holz. Diese Komponenten verunreinigen den Kompost und sind vielleicht jahrelang in unseren Gemüsebeeten wiederzufinden. Verzichten sollte man auch auf Speiseabfälle, denn diese ziehen Ratten an – und die will ich bestimmt nicht in meinem Garten haben. Es gibt einige Gärtner, die ihre eigenen Hinterlassenschaften kompostieren – nicht mit mir, aus hygienischen Gründen sollte man darauf verzichten. Infizierte, ungesunde Pflanzenteile sollten ebenfalls vom Kompost ferngehalten werden, um die Krankheiten mit dem Kompost nicht neu zu verteilen. Oft werden unsere Komposthaufen nicht so heiß wie jene in den Kompostwerken, darum sterben zähe Wurzelunkräuter oder Samen häufig nicht ab. Der Rasenschnitt mit seinem hohen Stickstoffgehalt sollte immer gut mit anderen Pflanzenteilen vermischt werden, damit er nicht fault. Rückstände vom Baumschnitt sollten vorher gehäckselt werden. Die Mischung macht's. Große Mengen geschnittener Thuja-Hecken hemmen durch deren Inhaltsstoffe die Rotte.

Was beim Aufbau einer Komposter-Kiste zu beachten ist:

1. Bauen Sie das Gestell oder die Komposter-Kiste an einem halbschattigen Standort auf. Ein Gitter kann als Mäuseschutz auf den Boden gelegt werden.
2. Unter dem Mäuseschutz heben Sie eine kleine Grube aus.
3. Füllen Sie die Grube mit zerkleinerten Zweigen, so kann überschüssiges Wasser ablaufen.
4. Auf das Mäusegitter kommt eine Schicht Kompost vom Vorjahr. Das wirkt wie eine Impfung mit wichtigen Mikroorganismen und hilft beim Start.
5. Schichten Sie die einzelnen Abfälle, etwa Herbstlaub oder Gemüseabfälle.
6. Unkraut sollte immer in der Mitte abgelegt werden, da dort die Heißrotte am höchsten und die Wahrscheinlichkeit, dass die Unkräuter kompostieren, so am größten ist.
7. Regelmäßig sollte der Kompost befeuchtet werden, das fördert die Rotte.
8. Am besten ist es, wenn man zwei Komposter hat. Ist der eine voll, kann der zweite befüllt werden, während der erste ruht. Ist der zweite Komposter voll, kann der erste verarbeitet werden.

Puh, Laub und Pflanzenreste machen mir zu schaffen, der Kompost quillt über. Zum Glück benutzt niemand aus der Nachbarschaft den grässlichen Laubbläser, der die Blätter lautstark und dröhnend nur von einer Ecke in die andere katapultiert. Mit anderen Worten: Die dunkle Jahreszeit beginnt (und nicht nur, weil es früher dunkel wird). Es gibt viel zu tun, und die Arbeit im Garten wird unangenehm; draußen ist es feucht und kalt. Anfang Oktober gab es sogar den ersten Nachtfrost, Nachbarn mussten ihre Autoscheiben kratzen.

Ich mag gar nicht genau hinschauen, bei uns im Garten sieht's schlimm aus. Die Kürbis- und Zucchiniblätter sind matschig, die restlichen Tomaten wirken mitgenommen. Das Spargelkraut ist gelb und kann abgeschnitten werden – muss abgeschnitten werden. Von mir. Und ich lege mich auch ins Zeug, sodass es langsam kahl wird. Die eine Dahlie aus dem Vorjahr hat es auch niedergerafft. Ich buddle sie dieses Jahr aus. Diese Dahlie will ich retten, ihre Knolle überwintert in der frostfreien Garage.

Leimringe! Ich darf nicht vergessen, Leimringe um die Obstbäume zu legen. Das wird schnell vergessen, weil der Große und der Kleine Frostspanner *(Erannis defoliara* und *Operophtera brumata)* nicht in jedem Frühjahr ihr Unwesen treiben. Doch treten sie erst einmal in Massen auf, wünscht sich jeder Gartenbesitzer, er hätte doch rechtzeitig Leimringe angebracht. Seit über hundert Jahren werden Leimringe an Obstbäumen eingesetzt, um die weiblichen Raupen des Frostspanners abzuwehren. Diese kriechen mit Vorliebe am Stamm hoch und runter. Weibliche Frostspanner haben, obwohl Schmetterlinge, keine Flügel, aber lange Beine, mindestens so wie die von Marlene Dietrich. Davon fasziniert, begatten die männlichen Exemplare die Weibchen, wenn sie denn eines beim Klettern à la Reinhold

Messner entdecken. Hat die Fortpflanzung geklappt, legen die Weibchen die Eier in die Ritzen von Rinden, genau dort, wo sie überwintern.

Naht das Frühjahr, geht der Spuk erst so richtig los. Pünktlich zum Blattaustrieb schlüpfen die hellgrünen Raupen und verbreiten sich in der nahen Umgebung. Dazu spinnen die frischgeschlüpften Raupen lange Fäden, an denen sie sich vom Wind durch die Gegend tragen lassen. Tarzan und Jane lassen mit ihren Lianen grüßen. Ein geniales Transportmittel, wenn nicht auf diese Weise schnell eine ganze Obstbaumplantage mir nichts, dir nichts kahl gefressen würde. Alles, was grün ist und vor ihre Kauwerkzeuge kommt – nur rein damit.

Weil ab Oktober die Raupen des Frostspanners schlüpfen, sollten die Leimringe bis dahin angebracht sein. Leimringe können fertig gekauft werden, sie haben sich als biologisches Pflanzenschutzmittel seit langem bewährt und sind unbedenklich für den Baum und dessen Früchte. Dennoch sollte man sie nur benutzen, wenn man von einem sehr starken Befall ausgeht – was natürlich das Risiko mit sich bringt, dass sich die Frostspanner doch noch breitmachen. Doch diese Vorsicht hat einen Grund: Da der Ring in einer Stammhöhe von 30 bis 40 Zentimetern angebracht wird, könnten Vögel ihn anfliegen und daran kleben bleiben.

Im Dezember können Sie die Ringe übrigens wieder entfernen, dann haben diese ihre Schuldigkeit getan. Worauf Sie noch achten können: Der Leim sollte aus Naturharzen bestehen und nicht künstlich hergestellt sein. Weiche Naturharze ermöglichen größeren Insekten, sich zu befreien, wenn sie zufällig über einen solchen Ring krabbeln sollten. Um solche Unfälle zu minimieren, sollte auch hier genau überlegt werden, ob ein Ring wirklich notwendig ist oder nicht. Oft reicht es aus, diese Maßnahme nur einmal vorzunehmen, da der Lebenszyklus der Frostspanner so gezielt unterbrochen wird. Im nächsten Jahr wird er dann bestimmt nicht mehr so stark auftreten.

MIT DER SCHERE UNTERWEGS

Ich brauche wieder eine scharf geschliffene Schere, denn es ist Zeit, der Ligusterhecke *(Ligustrum)* zur Landstraße hin zu Leibe zu rücken. Zwischen dem 1. März und dem 30. September ist es laut einem Bundesnaturschutzgesetz aus dem Jahr 2010 verboten, Hecken und andere Gehölze zu beschneiden, um die Brutzeit der Vögel zu schützen. Die Ligusterhecke ist sehr hoch geworden, dabei im unteren Bereich aber immer kahler. Da hilft nur eins: eine Schere und für die dickeren Äste eine Säge. Nach meiner radikalen Stutzbehandlung sehe ich das blanke Entsetzen in den Augen meiner Frau, denn einzig kurze und kahle Zweige sind übrig geblieben. «Keine Angst», beruhige ich sie, «die Hecke wird wieder ausschlagen und zeigen, was sie nach solch einer Behandlung leisten kann.» Silvia ist sich nicht sicher, ob sie mir vertrauen kann, das kann ich in ihren Augen lesen. Am Ende entscheidet sie sich dafür, dass sowieso nichts mehr zu ändern ist. Was soll's.

Der Liguster ist ein widerstandsfähiger, pflegeleichter Strauch, der sich nach dem Schnitt schnell wieder erholt – besonders wenn die Schere scharf ist und die frischen Schnittstellen gut verheilen können. Wichtig ist auch, nur an frostfreien Tagen tätig zu werden, auch sollte möglichst die Sonne nicht scheinen, damit wirken Sie einem Erfrieren oder Verbrennen entgegen. Ein regelmäßiger Schnitt sorgt dafür, dass die Hecke rasch dicht wird und gut in die Blüte kommt und sich später die hübschen kleinen schwarzen Beeren bilden können (die Früchte sind schwach giftig, werden aber von Vögeln heiß und innig geliebt). Die Blüten dieser Hecke haben für Bienen wertvollen Nektar parat, sind eine willkommene Abwechslung beim Küchenbüffet.

Und weil ich gerade mitten im Schneidewahn bin, kommt jetzt auch noch der Rhabarber *(Rheum barbarum)* dran, zumal ich die Staude jetzt teilen und damit vermehren kann. Die Nutzpflanze wanderte wohl im 16. Jahrhundert aus Russland nach Europa ein, anfangs wurde sie mit großer Skepsis betrachtet,

An ihrer rotbraunen Brustoberseite und der leuchtend gelben Stirn ist die Hornissenschwebfliege leicht zu erkennen. Im Aussehen ähnelt sie tatsächlich einer Hornisse, was für das Abschrecken von Fressfeinden genutzt wird.

denn bei kaum einer anderen Pflanze kann man nur die Stiele essen. Aber nach der ersten Kostprobe war man sofort überzeugt: herrlich säuerlich. Wichtig bei der Teilung (am besten mit einem scharfen Spaten): Achten Sie darauf, dass jedes Teil ein Triebauge hat. So macht man schnell und unkompliziert aus einer Staude zwei – oder sogar vier. Die spektakulären cremefarbenen Rhabarberblüten in Doldenform sollten Sie später nicht abschneiden, was viele Hobbygärtner tun, weil sie dem Irrglauben anhängen, dass dieses Gemüse giftig wird, wenn es blüht. Lassen Sie sie blühen, Bienen und Hummeln werden es Ihnen danken, da die für sie leicht zugänglichen Pollen ungemein schmackhaft sind. Sie sind bei Insekten sehr beliebt!

Überhaupt: Bienen verfügen über ein Duftgedächtnis und wissen genau, zu welcher Tageszeit sie die verschiedenen Blüten mit optimalem Erfolg anfliegen können. Das ist sehr wichtig, denn viele Blumen bieten ihren Nektar tatsächlich nur zu bestimmten Tageszeiten an, oft ist die Zeitspanne auch nur ganz kurz. Will man erfolgreich und energiesparend sein Futter einsammeln, ist so ein Duftgedächtnis keine schlechte Angelegenheit.

DA KOMMT SO EINIGES ANGEWANZT

Fast sieht sie aus wie eine Stubenfliege: die Baumwanzenfliege *(Gymnosoma nudifrons)*; aber in ihrem Verhalten ähnelt sie dieser ganz und gar nicht. Gut zu erkennen ist sie an den schwarzen Punkten auf ihrem Hinterleib und den nach vorn gerichteten großen Augen. Die Fliege ernährt sich von Nektar und Pollen oder Honigtau; sie spielt bei der Bestäubung unserer Pflanzen eine wichtige Rolle. Die Weibchen brauchen viele eiweißreiche Pollen für die Eiproduktion.

Diese Raupenfliege hat sich auf Wanzen spezialisiert, und da es viele Wanzen 2019 in meinen Garten verschlagen hat, wird sie sich auch nächstes Jahr wieder einfinden.

Die Eier selbst legen sie in ausgewachsene Wanzen, meist Baumwanzen. Keine schlechte Sache, denn Baumwanzen schädigen durch ihre Saugtätigkeiten Früchte unterschiedlichster Pflanzen, besonders häufig betroffen sind aber Obstbäume. Da die braungrau gefärbten Wanzen mit ihrem plumpen Körper bei drohender Gefahr ein unangenehm riechendes Abwehrsekret versprühen, können sie auch ziemlich stinken – und stehen somit nur bei wenigen Fraßfeinden auf dem Speiseplan.

Bei der Eiablage der Baumwanzenfliege kommt es zu einer Superparasitierung, das heißt, eine Wanze wird nur von einem

Leider fühlt sie sich pudelwohl in unserem Garten, die Beeren-
wanze, die zur Familie der Baumwanzen gehört und ihre Zeit damit
verbringt, unsere Beeren auszusaugen.

Parasiten befallen (manchmal sind es aber auch mehrere, für
den Wirt ein Desaster mit noch schnellerem letalem Ausgang).
Und sind erst die Larven geschlüpft, dringen sie in den Rumpf
des Wirtstiers ein. Hier überwintern sie. Im Frühjahr setzen sie
ihre Entwicklung fort und ernähren sich vom Körpergewebe des

Wirts. Das lange und qualvolle Sterben des Wirtstiers ist dann vorbei. Wanze erlöst. Reife Larven verlassen dann die Leichen und begeben sich zur Verpuppung in den Erdboden. Aus der Puppe schlüpft schließlich die Baumwanzenfliege. Einfach toll ist das! Wie eine kleine Fliege dafür sorgen kann, dass eine Wanzenplage ordentlich reduziert wird.

Bleiben wir noch eine Weile bei den Wanzen: Im Spätherbst 2019 machten sich die Baum- oder Stinkwanzen auf, um ein warmes Winterquartier zu suchen. Was lag da näher, als sich unsere warmen menschlichen Behausungen vorzunehmen? Immer wieder wurde ich gefragt, was man denn gegen diese stinkigen Biester unternehmen könne, so viele hätte es ja noch nie gegeben. Irgendwie stimmte das auch.

Eine junge Wanze möchte mit ihrer Maske erschrecken – auch eine Methode, um nicht gefressen zu werden.

Viele Bunte Blattwanzen tummeln sich auf unserem Mais.

Mal Nützling, mal Schädling: Der Geringelte Nimrod, eine Weichwanze, ernährt sich überwiegend von Blattläusen, saugt aber auch am Pflanzensaft von Koniferennadeln.

Aufgrund des besonders warmen Sommers im Jahr davor konnten sich die Wanzen hervorragend entwickeln und vermehren. Eine Wanze kann bis zu 450 Eier legen und bei einem langen Sommer gleich zweimal so viel. Und so kam es zu den vielen Untermietern, die nach einem heimeligen Platz suchten, von den beheizten und beleuchteten Wohnungen wurden sie magisch angezogen. Offene Fenster und Türen waren die perfekte Einladung. Bei geringen Beständen kann man die Gäste schon mal übersehen, aber nicht bei einem Stinkwanzenvorstoß. In Brandenburg saßen sie nicht nur an Hauswänden, nein, sogar in der Kleidung. Sie müssen sich aber keine Gedanken um die Sauberkeit in Ihrem Zuhause machen. Wanzen haben kein besonderes Interesse an schmutzigen Umgebungen, viel wichtiger ist ihnen die Wärme. Was Sie aber nie tun sollten: Erschlagen Sie Stinkwanzen nicht, denn dann fühlen sie sich bedroht und geben ihr stinkendes Sekret ab. Am besten, Sie sorgen mit einem Fliegengitter vor und lassen die Wanzen erst gar nicht ins Haus.

Für uns Menschen sind diese Insekten völlig harmlos. Sie ernähren sich ausschließlich von Pflanzensäften. Wanzen sind dennoch recht groß und haben einen festen Panzer. In Deutschland gibt es etwa 1000 Wanzenarten. Die meisten sind heimisch, allein die Memorierte Baumwanze *(Halyomorpha halys)* wurde aus Ostasien eingeschleppt. Übrigens haben Gartenwanzen nichts mit den Bettwanzen zu tun, denn diese können stechen und Krankheiten übertragen, hier ist dann der professionelle Schädlingsbekämpfer gefragt.

NOVEMBER

· · · · · · · · · · · · · · · ·

DER WINTERSCHLAF BEGINNT

Der November ist die Zeit der Stubenhocker. Alle Pflanzen, die es so wie ich doch eher warm und sonnig mögen, sind nun in Kissenbrück ins geheizte Gewächshaus umgezogen. Ich habe sie so lange wie möglich im Freien gelassen, denn selbst leichten Kälteschaden überstehen Kübelpflanzen manchmal besser als den Stress, den eine Umsiedelung ins Winterquartier auslösen kann.

Einige Kübelpflanzen, die ich nicht ins Gewächshaus mitnehmen will, bekommen noch einen Winterschutz, was bedeutet, dass ich immergrüne Pflanzen wie Buchsbaum oder Portugiesischen Kirschlorbeer vor direkter Wintersonneneinstrahlung schütze. Denn sollte der Kübel durchfrieren, verdunsten die Pflanzen über die immergrünen Blätter Wasser, können jedoch kein neues aufnehmen. Sie vertrocknen und sterben. Das ist der häufigste Frostschaden bei Pflanzen.

Die Töpfe und Gartengeräte sind gereinigt und warten auf das kommende Frühjahr. Die Gartenarbeit beschränkt sich nun auf das Rechen von Laub. Dabei beobachte ich, wie Nebelschwaden über die abgeernteten Gemüsebeete ziehen. Die Insekten haben sich verkrochen und halten Winterschlaf.

Es ist nicht nur Stubenhockerzeit, sondern auch Schlafmützenzeit. Unsere Igelfamilie schläft im Laubhaufen unter der Hecke. Ihre einzelnen Mitglieder haben sich Fettreserven für den Winter angefressen, zahlreiche Schnecken und Käfer mussten dran glauben (ich geb's zu, manchmal machten sie sich auch übers Katzenfutter her). Bauen Sie, sollten Sie Igel im Garten

Die ersten Bienen verabschieden sich. Diese hier an der ungefüllten Rose hat sich regelrecht für ihren Nachwuchs zu Tode
gearbeitet.

haben, einen Winterschlafplatz, einen Laubhaufen, wie wir ihn
haben. Oder Sie schichten einen Reisighaufen auf. Könnten Igel
schreiben, würden sie dort ein Schild aufstellen: «Bitte nicht stören!» Unnötiges Stören ist nämlich verbunden mit einem erhöh-
ten Verbrauch der Fettreserven, und die sollen ja bis zum Frühjahr reichen. Erst wenn im Frühjahr konstant 10 Grad herrschen,
erwacht der Igel und bringt sich durch heftiges Zittern wieder auf
Betriebstemperatur. Die Männchen sind bei ihnen die Frühauf-
steher, bei uns zu Hause ist es genau umgekehrt. Aber dafür ist
das Igelweibchen auch später schlafen gegangen. Erst wenn alle

Mitglieder der Igelfamilie richtig wach sind und auf Nahrungssuche gehen, helfen wir ein bisschen nach – mit Katzenfutter.

Sitzen wir im Spätherbst noch in der Dämmerung im Garten, können wir verfolgen, wie Fledermäuse auf Insektenjagd gehen. Doch seitdem wir nicht mehr gebannt verfolgen können, wie sie lautlos herumsausen, wissen wir, dass auch sie sich in den Winterschlaf zurückgezogen haben. Den verbringen sie in Baumhöhlen, Dachböden, Scheunen oder auch dunklen Schuppen. Unsere Börßumer Fledermäuse überwintern sicher in der Dorfkirche. Sie benötigen in der Ruhepause recht konstante Temperaturen von etwa 4 bis 8 Grad und ein wenig Luftfeuchtigkeit, sodass sie den Winter über nicht austrocknen. Fledermäuse haben ihren Stoffwechsel dann so weit runtergefahren, dass sie im Frühjahr bis zu 15 Minuten brauchen, um wieder bewegungsfähig zu werden. Winterschlafende Fledermäuse sind durch diese Starre völlig hilflos und ihren Feinden ausgeliefert. Sie nehmen aber Temperaturabfälle und Eindringlinge wahr. Werden sie gestört, zehren auch sie von den Fettreserven, die sie sich das ganze Jahr über angefuttert haben. Auf diese Weise räuberten sie im Garten so manchen Plagegeist. Und doch gibt es in den Schlafsälen der Fledermäuse manchmal unerwartete Aktivitäten. Die Männchen wecken plötzlich die Weibchen, paaren sich mit ihnen – und schlafen dann seelenruhig weiter. Die Schwangerschaft beginnt aber erst nach dem Aufwachen. Das ist schon alles sehr erstaunlich und eigen.

WER SCHLÄFT BIS WANN IN MEINEM GARTEN?

- **Igel** – von Oktober bis März das Männchen,
  von November bis April das Weibchen
- **Fledermaus** – von September bis April
- **Haselmaus** – von Oktober bis Mai
- **Siebenschläfer** – von September bis Mai

DEZEMBER

· · · · · · · · · · · · · · ·

INSEKTENSTERBEN UND LICHTVERSCHMUTZUNG

In Börßum ist es draußen stockfinster, aber richtig dunkle Nächte sind an vielen Orten eine Seltenheit geworden, besonders in Städten, wo alles permanent künstlich erhellt wird. Angefangen hat das mit Straßenlaternen – in Deutschland wurde die erste dauerhafte elektrische Straßenbeleuchtung 1882 in Nürnberg in Betrieb genommen. Überflüssige Straßen- oder Schaufensterbeleuchtungen kosten aber nicht nur viel Energie, sondern sie belasten auch die Umwelt. Der Mangel an Dunkelheit stört Fauna und Flora, Lichtverschmutzung wird das genannt. So werden Pflanzen durch eine künstlich aufgehellte Umgebung in ihrem natürlichen Wachstum beeinflusst: Was bei Zuchtpflanzen in Gärtnereien durchaus erwünscht ist, kann für empfindliche Naturpflanzen zum Problem werden. Vielfach wurde bereits beobachtet, dass Laubbäume in unmittelbarer Nähe von Straßenlampen ihre Blätter verspätet verlieren, wodurch sie leichter Frostschäden ausgesetzt sind.

Die künstliche Beleuchtung hat auch negative Auswirkungen auf nachtaktive Tiere. Biologen vom Berliner Leibniz-Institut für Gewässerökologie und Binnenfischerei haben der Lichtverschmutzung gar eine Mitschuld am weltweiten Insektensterben gegeben. Denn die Hälfte aller Insekten ist nachtaktiv. Die Wissenschaftlerin Maja Grubisic sagte 2017 dazu: «Sie sind auf Dunkelheit und natürliches Licht von Mond und Sternen angewiesen, um sich zu orientieren und fortzubewegen oder Räubern auszuweichen. Und auch um ihren allnächtlichen Aufgaben wie Nahrungssuche und Fortpflanzung nachzugehen. Eine künstlich erhellte Nacht stört dieses natürliche Verhalten – mit negativen Auswirkungen auf die Überlebenschancen.»

Grubisic und ihr Team erklärten, dass Fluginsekten beispielsweise von künstlichen Lichtquellen angezogen und bei größerer Nähe schließlich von ihnen geblendet werden. Hilflos flattern sie dann herum und sterben am Ende aus lauter Erschöpfung angesichts des dauernden Geflatters (sie kommen nicht weg vom Licht). Oder sie landen im Magen von gefräßigen Räubern. So werden Insekten zu Lichtopfern. Sie trifft es nämlich völlig unvorbereitet, wenn es nach Sonnenuntergang gleich wieder hell wird. Die Evolution hat sie nicht darauf vorbereitet.

Das Licht lockt auch die Insekten aus dunkleren Ökosystemen an und sorgt für eine Verarmung auf Landwirtschaftsflächen. Weniger Nachtfalter, Käfer und Fliegen bestäuben dann in der Folge weniger Pflanzen. Ebenso wird der genetische Austausch der Insekten durch künstliche Lichtquellen gestört. Das wiederum könnte, so die Forscher vom Leibniz-Institut, ihre Widerstandsfähigkeit gegen Pestizide, Klimaveränderungen und andere negative Umwelteinflüsse reduzieren.

Haben Sie eine Gartenbeleuchtung? Muss diese die ganze Nacht brennen? Ich denke nicht. Wir haben uns nur an den Gedanken gewöhnt, dass die Nacht voller Schrecken ist, weshalb wir sie uns aufhellen. Vielleicht reicht ja eine Notbeleuchtung.

Meine letzte Handlung, bevor ich mich für dieses Jahr aus dem Garten zurückziehe: Ich fahre zum Blumengroßmarkt. Hier werden Alpenveilchen, Flamingoblumen, Becherprimeln und Weihnachtssterne gekauft. Ja, vielleicht ist das ein bisschen altbacken, aber ich liebe diese alljährliche Aktion. My jungle is my home, und wenn mal zu Hause dicke Luft ist, sorgen die Pflanzen für ein angenehmes Klima. Aber das ist ein anderes Thema.

Mein Thema war: Sie von einem naturnahen und chemiefreien Garten zu überzeugen. Ich hoffe, es ist mir gelungen.

DANK

· · · · · · · · ·

Durch das Jahr haben mich meine Frau und unsere beiden Kinder begleitet, besonders unser Sohn Benedikt hat mich tatkräftig unterstützt. Silvia hat mir den nötigen Freiraum zum Schreiben verschafft und immer wieder den Garten im Blick gehabt, wenn ich gerade vor dem Computer saß – danke dir dafür.

Danke auch an Susanne Frank vom Rowohlt Verlag, die mich seit vielen Jahren begleitet. Wieder dabei waren Regina Carstensen und Ulrike Gallwitz – ein Dream-Team.

Meine Agentur Miramedia hatte immer ein offenes Ohr, wenn ich mit meinen Gedanken wandern ging.

Ganz besonders danken möchte ich aber all jenen Hobbygärtnerinnen und -gärtnern, die auf jeweils eigene Art versuchen, biologisch zu gärtnern, und somit einen Einfluss auf unsere großartige Artenvielfalt nehmen.

Weitere Titel

Der Pflanzenarzt

Hausbesuch vom Pflanzenarzt